KB025595

Platon

Apologia Sokratous

Kriton

Phaidon

소크라테스의 변론/크리톤/파이돈

제1판 1쇄 2017년 3월 30일
제1판 2쇄 2024년 10월 10일

지은이 플라톤
옮긴이 천병희
펴낸이 강규순
펴낸곳 도서출판 숲
등록 2004년 3월 4일 제2014-000045호
주소 경기도 파주시 돌곶이길 108-14
전화 (031) 944-3139 **팩스** (031) 944-3039
E-mail book_soop@naver.com
디자인 씨디자인

ⓒ 천병희, 2017. Printed in Paju, Korea
ISBN 978-89-91290-75-4 93100
값 13,000원
잘못 만들어진 책은 구입하신 서점에서 바꿔드립니다.

이 도서의 국립중앙도서관 출판시도서목록(CIP)은
서지정보유통지원시스템 홈페이지(http://seoji.nl.go.kr)와
국가자료공동목록시스템(http://www.nl.go.kr/kolisnet)에서
이용하실 수 있습니다. (CIP2017006219)

Platon

Apologia Sokratous

Kriton

Phaidon

소크라테스의 변론
크리톤
파이돈

플라톤 지음 。 천병희 옮김

소크라테스의 죽음과 서양 철학의 출발

옮긴이 서문

플라톤(Platon 기원전 427년경~347년)은 관념론 철학의 창시자로 소크라테스(Sokrates), 아리스토텔레스(Aristoteles)와 더불어 서양의 지적 전통을 확립한 철학자이다. 아버지 쪽으로는 아테나이(Athenai)의 전설적인 왕 코드로스(Kodros)로, 어머니 쪽으로는 아테나이의 입법자 솔론(Solon)으로 거슬러 올라가는 부유한 명문가에서 태어났다. 아테나이는 그 당시 그리스의 도시 국가 중 하나로, 문화와 학문의 중심지였다. 그는 당시 다른 귀족 출신 젊은이처럼 정계에 입문할 작정이었다.

하지만 플라톤이 활동하던 시기는 아테나이의 정치적 상황이 매우 불안정하고 변동이 많았던 시기였다. 펠로폰네소스전쟁(기원전 431~404년)에서 아테나이가 패하면서 스파르테(Sparte)가 세운 '30인 참주'의 폭정이 극에 달하고 이어서 이들을 축출하고 정권을 잡은 민주정체 지지자들에 의해 스승인 소크라테스가 사형당하는 것을 보고, 28세이던 플라톤은 큰 충격을 받는다. 플라톤은 이러한 정치적 변동에 요동치는 아테나이의 사회를 바라보며 정계 진출의 꿈을 접고 철학을 통해 사회의 병폐를 극복하기로 결심한다. 그는 철학자가 통치자가 되거나 통치자가 철학자가 되기 전에는 사회가 개선될 수 없다는 확신을 갖게 된다.

이 사건이 있은 뒤 이집트, 남이탈리아, 시칠리아 등지로 여행을 떠났다가 아테나이로 돌아온 플라톤은 기원전 387년경 영웅 아카데모스(Akademos)에게 바쳐진 원림(園林) 근처에, 서양에 세워진 대학의 원조라고 할 수 있는 아카데메이아(Akademeia)를 개설하고 철학적인 토론과 교육에 전념한다. 그는 이곳에서 많은 제자들을 가르치며, 그의 철학적 사상을 전파했다. 그리고 시칠리아에 있는 쉬라쿠사이(Syrakousai) 시를 두 번 더 방문해 그곳 참주들을 만난 것말고는 다른 외부 활동은 하지 않고 연구와 강의, 저술 활동에 전념하다가 기원전 347년 아테나이에서 세상을 떠난다.

플라톤은 50년이 넘는 기간 동안 소크라테스가 대담을 주도하는 20편 이상의 철학적 대화편과 소크라테스의 변론 장면을 기술한 『소크라테스의 변론』을 출간했는데, 이것들은 모두 지금까지 전해온다. 그 밖에도 13편의 서한이 있지만 플라톤이 썼는지 논란의 여지가 많다.

그의 저술은 편의상 초기, 중기, 후기로 구분된다. 『소크라테스의 변론』, 『크리톤』, 『이온』(Ion), 『라케스』(Laches), 『뤼시스』(*Lysis*), 『카르미데스』(*Charmides*) 등으로 대표되는 초기 대화편에서는 소크라테스가 주역을 맡아 대담자들이 제시한 견해를 검토하고 폐기한다. 『프로타고라스』(*Protagoras*), 『고르기아스』(*Gorgias*), 『메논』(*Menon*), 『파이돈』, 『파이드로스』(*Phaidros*), 『국가』(*Politeia*), 『향연』(*Symposion*), 『테아이테토스』(*Theaitetos*) 등으로 대표되는 중기 대화편에서는 소크라테스가 여전히 주역을 맡지만 플라톤이 혼불멸론과 이데아(idea)론 같은 자신의 견해를 제시하며 소크라테스의 견해를 해석하고 부연한다. 『필레보스』(*Philebos*), 『소피스트』(*Sophistes*), 『정치가』(*Politikos*), 『티마이오스』(*Timaios*), 『크리티아스』(*Kritias*), 『법률』(*Nomoi*) 등으로 대표되는 후기 대화편에서는 소크라테스와 함께 혼불멸론과 이데아론이 뒷전으로 물러나고 철학적·논리적 방법론에 관심이 집중된다.

20세기 영국 철학자 화이트헤드(A. N. Whitehead)는 플라톤이 서양 철학사에 지속적으로 큰 영향을 미친 것을 두고, 서양 철학사는 플라톤 철학에 대한 각주의 역사라 해도 과언이 아니라고 말했는데, 그의 이런 주장에 이의를 제기할 사람은 없는 것 같다. 플라톤의 저술들이 2천 년이 넘는 시간 동안 모두 현존할 수 있었던 것은 그의 심오한 사상 덕분이겠지만, 이런 사상을 극적인 상황 설정과 등장인물의 흥미로운 묘사, 소크라테스의 인간미 넘치는 역설적 언급 등으로 재미있고 생동

감 있게 독자에게 전하기 때문일 것이다. 플라톤이 그리스 최고 산문 작가 중 한 사람으로 평가받는 것도 그 때문일 것이다.

『소크라테스의 변론』은 소크라테스가 기원전 399년 자신에게 제기된 고발사건에 대해 법정에서 스스로 변호하는 과정을 묘사한 것이다. 소크라테스는 먼저 자연현상에 관한 문제를 탐구하고 '사론'(邪論)을 '정론'(正論)으로 만든다는 자신에 대한 초기의 고발과, 나라에서 섬기는 신들이 아닌 다른 신을 섬기며 청년들을 타락시킨다는 후기의 고발을 구분한다. 소크라테스는 초기의 고발에 대해 자기는 소피스트도 아니고 자연철학자도 아니며, 자신의 유일한 지식은 자기가 아무것도 모른다는 사실을 아는 것뿐이라고 주장한다. 그는 자기가 세상에서 가장 지혜로운 사람이라는 델포이의 신탁이 믿기지 않아 자기보다 더 지혜로운 사람을 찾아다녔으나 그런 사람을 발견하지 못했고, 그 과정에서 알게 된 지혜롭다는 사람들도 사실은 무지하다는 것을 입증함으로써 이들의 미움을 산 것이 화근이 되어 고발당했다는 것이다.

소크라테스는 자기를 불경죄로 고발한 멜레토스(Meletos)를 불러내어 그의 고발이 악의적인 허구임을 밝힌다. 그런 다음 배심원들에게 자기는 죄가 없으며 앞으로도 종전과 같은 활동을 계속하겠다며, 만약 그들이 아테나이인들을 각성시키기 위해 신이 보낸 등에인 자기를 죽인다면 아테나이에 큰 손실이 될 것이라고 말한다.

소크라테스는 유죄선고를 받고 사형이 구형되자 자기가 추방형을 자청하면 사형을 면할 수 있다는 것을 알면서도, 자기는 아테나이의 은인인 만큼 상을 받아 마땅하거늘 유죄를 인정하는 어떤 형도 스스로 제의하지는 않겠다고 우긴다. 그럼에도 그는 친구들의 권유에 따라 30므나의 벌금형을 제의하지만 배심원들이 사형을 선고하자, 최후진술에서 자기가 죽은 뒤 배심원들은 살려달라고 애걸복걸하지 않았다는 이유로 살날이 얼마 남지 않은 70세 노인을 사형에 처했다는 비난에 시달리게 될 것이라고 예언한다.

소크라테스는 죽음이란 꿈꾸지 않는 잠이거나 진정한 정의가 지배하는 곳으로 떠나는 여행인 만큼, 그곳에 가면 호메로스나 헤시오도스 같은 선현들과 영웅들을 만나 환담할 수 있으니 얼마나 좋은 일이냐며 오히려 친구들을 위로한다.

『크리톤』에서는 사형선고를 받고 감옥에 갇힌 소크라테스가 독약을 마실 시각이 다가오기만을 기다리고 있는데, 죽마고우 크리톤이 찾아와 자기가 도와줄 테니 어린 자식들을 돌보기 위해서라도 탈옥하라고 권한다. 그러자 소크라테스는 문제는 탈옥할 수 있느냐가 아니라 탈옥이 정당한 행위인가라며, 악을 악으로 갚아서는 안 된다고 대답한다.

그러면서 소크라테스는 크리톤에게 만약 아테나이 법률이

"우리는 너를 낳아주고 길러주고 교육받게 해주었거늘 네가 우리를 뒤엎으려는 것은 배은망덕한 행위가 아닌가? 우리가 마음에 들지 않는다면 너는 진작 이 나라를 떠났어야지, 누릴 것 다 누리고는 이제 와서 이 나라에서 허둥지둥 도주하는 것은 도리에 어긋나며 어떤 논리로도 정당화될 수 없다. 그리고 네가 외국으로 망명해서 얻을 게 무엇인가? 우리는 네가 목숨과 자식들을 생각하기에 앞서 정당하게 행동하기를 요구한다"는 취지의 말을 한다고 가정한다면 무엇이라고 대답할 것인지 묻는다. 그러자 크리톤이 법률이 그렇게 묻는다면 자기도 대답할 말이 궁색하다고 말한다.

『파이돈』에서는 엘리스(Elis) 출신으로 아테나이에 노예로 팔려왔다가 해방되어 소크라테스의 헌신적인 제자가 된 파이돈이, 스승이 죽은 뒤 고향으로 돌아가는 길에 펠로폰네소스 반도 북동부 플레이우스(Phleious) 시에 살던 에케크라테스(Echekrates)를 만나, 소크라테스가 생애 마지막 몇 시간 동안 친구들과 어떤 대화를 나누다가 어떻게 독약을 마시고 죽었는지 들려준다.

몸은 필멸이지만 혼은 불멸이라는 혼불멸론, 배움이란 전생에 알고 있던 것을 상기(想起)하는 것이라는 상기론, 특정 사물이 아름다운 까닭은 그것이 아름다움의 이데아에 관여하기 때문이라는 이데아론이 이 대화편의 핵심 내용을 이룬다. 이어서 몸에서 해방된 혼이 저승에 가서 어떻게 심판받고 어떻게 살아가는지 묘사되는데, 그것은 믿어볼 만한 가치가 있는 '고상한 모험'이라는 것이다. 이 대화편은 소크라테스가 태연하고 침착하게 독배를 받아 마시고 죽는 감동적인 장면으로 끝난다.

사실 플라톤의 말뜻을 정확히 이해하고 난삽한 문장을 쉬운 우리말로 옮기는 것은 누구에게도 만만한 일이 아닐 것이다. 그런 의미에서 독자들이 더 쉽고 올바르게 이해할 수 있도록 플라톤 번역 작업은 앞으로도 끊임없이 시도되어야 할 것이다.

2017년 3월
천병희

주요 연대표

(이 연대표의 연대는 모두 기원전)

469년_ 소크라테스 태어나다

451년_ 알키비아데스 태어나다

450년경_ 아리스토파네스 태어나다

445년경_ 아가톤 태어나다

431년_ 아테나이와 스파르테 사이에 펠로폰네소스전쟁이 발발하다

427년경_ 플라톤 태어나다

424년_ 델리온에서 아테나이군이 패하다

423년_ 소크라테스를 조롱하는 아리스토파네스의 희극 『구름』이 공연되다

404년_ 펠로폰네소스전쟁이 끝나고 스파르테가 지원하는 '30인 참주'가
       아테나이를 통치하다

403년_ '30인 참주'가 축출되고 아테나이에 민주정체가 부활하다

399년_ 소크라테스가 재판을 받고 사형당하다

387년경_ 플라톤이 아카데메이아를 창설하다

384년_ 아리스토텔레스 태어나다

367년_ 아리스토텔레스가 아카데메이아에 입학하다

347년_ 플라톤 죽다

차 례

일 러 두 기

1. 이 번역서의 대본은 옥스퍼드 고전 텍스트(Oxford Classical Texts) 중 E. A. Duke, W. F. Hicken, W. S. M. Nicoll, D. B. Robinson이 교열한 플라톤 전집 1권(1995)이다.

2. 주석은 M. C. Stokes(『소크라테스의 변론』, Aris & Phillips Classical Texts 1997), J. Burnet(『파이돈』, Oxford 1911)의 것을 참고했다.

3. 현대어로 옮겨진 텍스트로는 H. Tredennick/H. Tarrant(『소크라테스의 변론』 『크리톤』 『파이돈』, Penguin Classics 2003), M. C. Stokes(『소크라테스의 변론』, Aris & Phillips Classical Texts 1997), D. Gallop(『소크라테스의 변론』 『크리톤』, Oxford World's Classics 1997), D. Gallop(『파이돈』, Oxford World's Classics 1999), H. N. Fowler(『소크라테스의 변론』 『크리톤』 『파이돈』, Loeb Classical Library 1914), G. M. A. Grube(『소크라테스의 변론』 『크리톤』 『파이돈』, Hackett Publishing Company 1997)의 영어 번역과 F. Schleiermacher(『소크라테스의 변론』 『크리톤』 『파이돈』, Darmstadt 1974)의 독어 번역 그리고 박종현(『소크라테스의 변론』 『크리톤』 『파이돈』, 서광사 2003)의 한국어 번역을 참고했다.

4. 플라톤에 관한 자세한 참고문헌은 R. Kraut(ed.), *The Cambridge Companion to Plato*, Cambridge University Press 1992, 493~529쪽과 C. (Hrsg.), Platon-Lexikon, Darmstadt 2007, 367~407쪽을 참고하기 바란다.

5. 본문의 좌우 난외에 표시되어 있는 17a, b, c 등은 이른바 스테파누스(Stephanus, Henricus/프 Henri Estienne, 16세기 프랑스 출판업자) 표기를 따른 것으로 아라비아숫자는 쪽수를, 로마자는 문단을 나타낸다. 플라톤의 그리스어 텍스트와 주요 영어판, 독일어판, 프랑스어판 등에서는 모두 스테파누스 표기가 사용되어, 이 표기가 없는 텍스트나 번역서는 그 위치를 비교·확인할 수 없는 탓에 참고서적으로서 가치가 거의 없다고 해도 과언이 아니다.

6. 설명이 필요하다고 생각되는 부분에는 간단하게 주석을 달았다.

소크라테스의 변론

아테나이인 여러분,[1] 나를 고발한 사람들이 여러분에게 어떤
영향을 미쳤는지 나는 알지 못합니다. 그러나 그들로 인해 나는
하마터면 내가 누구인지조차 잊어버릴 뻔했습니다. 그만큼 그
들의 논리는 설득력이 있었습니다. 하지만 그들은 사실상 진실
은 한마디도 말하지 않았습니다. 그들이 말한 수많은 거짓 가운
데 내가 가장 놀란 것은, 내가 언변에 능한 만큼 나에게 속아 넘
어가지 않도록 여러분은 조심해야 한다는 그들의 경고였습니
다. 내가 언변에 능하지 않다는 사실이 밝혀지기만 하면 그 즉
시 반박당할 텐데 거리낌없이 그런 주장을 한다는 것은 나에게
는 파렴치의 극치라고 생각됩니다. 그들이 진실을 말하는 사람
을 언변에 능하다고 부른다면 몰라도요. 그 말이 그런 뜻이라

---

1   여기서 '아테나이인'이란 소크라테스가 고발당한 이번 사건의 고발인과 피
     고인의 진술을 듣고 투표로 판결하기 위해 법정 배심원석에 앉은 5백 명
     의 아테나이 시민을 가리킨다. 하지만 간혹 방청객을 포함하여 법정에 나
     와 있는 아테나이 시민 전체를 가리킬 때도 있다.

면, 그들과는 차원이 다르지만 내가 연설가라는 데 동의하겠습니다. 앞서 말했듯이, 나를 고발한 사람들은 진실을 거의, 아니 전혀 말하지 않았습니다. 반면에 여러분은 나에게서 모든 진실을 듣게 될 것입니다. 그러나 아테나이인 여러분, 제우스에 맹세코, 여러분은 나에게서 그들처럼 미사여구로 치장한 표현은 듣지 못할 것입니다. 아니, 여러분은 내가 그때그때 생각나는 바를 일상어로 말하는 것을 듣게 될 것입니다. 나는 내가 하는 말이 옳다고 확신하기 때문입니다. 여러분도 다른 것을 기대하지 마십시오. 여러분 앞에 나와서 젊은이처럼 그럴듯하게 꾸며대며 말한다는 것은, 여러분, 이 나이에는 전혀 어울리지 않기 때문입니다. 또한 나는 여러분에게 간절히 부탁하고 싶은 것이 한 가지 있습니다, 아테나이인 여러분! 장터의 환전소에서 내가 말하는 것을 들은 분도 많겠지만, 내가 거기서나 그 밖의 곳에서 늘 쓰던 논리로 나를 변호하더라도 놀라지 말고, 그 때문에 나에게 야유를 퍼붓지 말아달라는 것입니다. 거기에는 까닭이 있습니다. 내 나이 일흔이 넘었지만 법정에 서기는 이번이 처음입니다. 그래서 이곳에서 쓰는 말투에는 말 그대로 이방인과 다름없습니다. 그러니 내가 만약 정말로 이방인이라면, 여러분은 내가 자란 곳의 사투리와 말투로 말한다 해도 틀림없이 용서해주실 것입니다.

이번 경우에도 내 요구는 정당하다고 생각됩니다. 그러니 여러분은 내 말투가 더 못하든 더 낫든 그런 것은 문제 삼지 말고, 내가 하는 말이 옳은지 그른지를 주의 깊게 살피시기 바랍니다. 진실을 말해야 훌륭한 연설가가 되듯, 그렇게 해야만 훌륭한 배심원이 될 것이기 때문입니다.

아테나이인 여러분! 먼저 나에 대한 첫 번째 무고와 첫 번째 고발인들에 대해 나를 변호하고 나서 나중의 고발과 고발인들에 대해 나를 변호하는 것이 순리일 것입니다. 많은 사람이 벌써 오래전부터 여러 해 동안 시종 근거 없는 거짓말을 늘어놓으며 여러분에게 나를 무고해왔기 때문입니다. 나는 그들이 아뉘토스²와 그의 무리보다 더 두렵습니다. 이들도 두렵기는 하지만 말입니다. 그러나 여러분, 그들이 더 두렵습니다. 그들은 여러분 가운데 다수를 어릴 적부터 제자로 받아들여, "소크라테스라는 현자³가 있는데, 그는 하늘에 있는 것들을 사색하고 지하에 있는 것들을 탐구하며 사론(邪論)을 정론(正論)으로 만든다"⁴고 터무니없는 거짓말을 함으로써 여러분에게 나

b

---

2 소크라테스를 실제로 고발한 이는 멜레토스(Meletos)이며, 아뉘토스(Anytos)와 뤼콘(Lykon)은 그의 동조자였다. 아뉘토스를 먼저 거명한 것은 그의 영향력이 컸기 때문인 듯하다.
3 '현자'(sophos aner)는 '소피스트'(sophistes)와 마찬가지로 기원전 5세기의 아테나이인들에게는 듣기 좋은 말이 아니었다.
4 아리스토파네스(Aristophanes), 『구름』(Nephelai) 112~115, 889~1104행 참조.

를 무고해왔던 사람들 말입니다.

아테나이인 여러분, 그런 소문을 퍼뜨린 그들이야말로 내게는 무서운 고발인들입니다. 그들의 말을 들은 사람들은 그런 주제를 연구하는 자라면 신들을 믿지 않으리라고 생각할 것이기 때문입니다. 게다가 이 고발인들은 수도 많고 이미 오랫동안 나를 고발해왔습니다. 또한 그들은 여러분이 감수성이 가장 예민한 소년시절이나 청년시절부터 접근했으니, 사실상 나는 결석재판을 받은 셈입니다. 나를 변호해줄 사람이 아무도 없었으니까요. 하지만 가장 불합리한 것은 그들의 이름조차 몰라서 나는 그들이 누군지 말할 수 없다는 것입니다. 그들 가운데 한 명이 희극 작가[5]라는 것 말고는. 그들은 시기하고 모함하려는 마음에서 여러분을 설득하려 했으며, 그중 일부는 남을 설득하려고 하기 전에 스스로 설득당한 자들입니다. 어쨌거나 그들은 모두 가장 다루기 힘든 사람들입니다. 그도 그럴 것이, 그들을 이곳 법정에 세울 수 없으니 눈에 보이지 않는 적대자를 상대로 자기변호를 하고, 답변하는 사람도 없는 가운데 반대신문을 해야 하기 때문입니다. 아무튼 나를 고발한 사람들은 두 부류가 있는데, 그중 한 부류는 최근에 나를 고발한 사람들이고, 다른 부류는 방금 말했듯이 오래전부터 나를 고발한 사람들이라는 내 진술을 여러분도 받아들여주시기 바랍니다. 또한 여러분은 내가 우선 오래전부터 나를 고발한 사람들에게 맞서 나를 변호하는 것을 허락해주시기 바랍니다. 무엇보다 여러분은 최근에 나를 고발한 사람들보다 오래전부터 나를 고발한 사람들이 나를 고발하는 것을 더 일찍부터, 더 많이 들어왔기 때문입니다.

좋습니다! 아테나이인 여러분, 이제부터 변론을 시작하여 여러분이 나에 대해 오랫동안 품었던 선입관을 내게 주어진 짧은 시간 안[6]에 여러분 마음에서 지우려고 시도하지 않으면 안 됩니다. 나에 대한 선입관을 지우는 것이 여러분에게나 나에게나 더 바람직한 일이라면, 나는 변론에 성공하여 그렇게 되기를 바라 마지않습니다. 그러나 그것이 결코 쉬운 일은 아니라고 생각합니다. 또한 그것이 어떤 일인지도 잘 압니다. 하지만 그 일이 어떻게 될지는 신의 뜻에 맡기고, 나는 법에 따라 변론하지 않으면 안 되겠지요.

그러면 처음으로 되돌아가, 사람들이 나에 대해 선입관을 갖고, 멜레토스가 그렇다고 믿으면서 나에 대해 이런 고발장을 작성하게 된 그 고발이라는 것이 대체 어떤 것인지 알아봅시다. 좋습니다. 나를 모함한 사람들이 대체 어떤 말로 나를 모함했지요? 마치 그들이 나를 고발한 사람들인 것처럼 그들의 선서 진술서를 읽어보겠습니다. "소크라테스는 주제넘게도 지하에 있

19a

b

---

5   아리스토파네스.
6   당시 아테나이 법정에서는 물시계로 변론 시간을 제한했다고 한다.

는 것들과 하늘에 있는 것들을 탐구하고 사론을 정론으로 만들 뿐 아니라, 다른 사람들도 그렇게 하도록 가르침으로써 불법을 저지르고 있다." 대충 그런 내용입니다. 여러분도 그와 비슷한 내용을 아리스토파네스의 희극에서 직접 보았을 것입니다. 그 희극에서는 소크라테스라는 등장인물이 해먹에 들어가 이리저리 흔들며 자기는 공중을 거닐고 있다고 주장하는가 하면, 그 밖에도 많고 적고를 떠나 내가 알지 못하는 주제에 관해 허튼소리를 많이 늘어놓고 있습니다.[7] 그런 종류의 지식[8]을 폄하하려고 이런 말을 하는 게 아닙니다. 누군가 실제로 그런 일들에 밝다면 말입니다. 나는 제발 그런 중대한 죄목으로 멜레토스에

게 고발당하는 일이 없기를 바랍니다. 아테나이인 여러분, 그런 주제들은 실제로 내 관심사가 아닙니다. 부디 여러분 자신이 증인이 되어주십시오. 여러분 가운데 많은 이가 내가 토론하는 것을 들은 적이 있을 테니, 그런 분들은 모두 서로에게 사실 대로 밝혀주십시오. 내가 그런 주제들에 관해 토론하는 것을 많든 적든 여러분 중에 들은 분이 있다면 서로에게 알려주십시오. 그러면 여러분은 그 결과 많은 사람이 나에 관해 말하는 그 밖의 다른 것들도 똑같이 근거 없는 낭설임을 알게 될 것입니다.

아무튼 나에 대한 그런 비난은 그 어느 것도 사실이 아닙니다. 내가 사람들을 가르치려 하며 그 대가를 요구한다는 말을 여러분이 누구한테서 들었다면, 이 또한 사실이 아닙니다.

그렇지만 레온티노이의 고르기아스, 케오스의 프로디코스, 엘리스의 힙피아스[9]처럼 누가 사람들을 가르칠 수 있다면, 그 또한 좋은 일인 것 같습니다. 여러분, 이들은 저마다 원하는 도시로 가서, 그곳 젊은이가 같은 도시 시민이면 누구한테나 무료로 배울 수 있는데도 같은 도시 시민인 스승 곁을 떠나 자기들 제자가 되어 수업료를 내면서도 오히려 고맙게 여기도록 설득할 수 있으니 말입니다. 내가 이런 말을 하는 이유는 파로스 출신의 또 다른 소피스트[10]가 지금 이곳 아테나이에 와 있기 때문입니다. 그가 방문 중이라는 사실을 내가 알게 된 것은, 다른 사람들이 소피스트들에게 내는 수업료를 다 합친 것보다 더 많은 수업료를 낸 사람을 우연히 만났기 때문이죠. 힙포니코스의 아들 칼리아스 말입니다. 칼리아스에게는 아들이 둘 있어 내가 물었습니다. "오오, 칼리아스! 만약 당신의 두 아들이 망아지나 송아지로 태어났다면, 그들이 필요로 하는 미덕을 훌륭하게 갖

7   『구름』 218행 이하 참조.

8   자연철학.

9   Leontinoi, Gorgias, Keos, Prodikos, Elis, Hippias. 이들은 그 무렵 아테나이에 와서 활동한 이름난 소피스트들이다.

10   소피스트는 원래 특수한 기술이 있는 지자(知者)라는 뜻인데, 기원전 5세기에 이 말은 보수를 받고 지식을 전수하는 순회 교사들을 지칭했다. 그들은 지리, 수학, 문법 등 다양한 과목을 가르쳤으나 출세를 위하여 젊은이들에게 주로 수사학을 가르쳤다.

추도록 해줄 만한 사람을 찾아내 고용할 수 있겠지요. 그런 사람은 말을 잘 기르는 사람이거나 농사를 잘 짓는 사람이겠고요. 하지만 당신의 두 아들은 사람이니, 당신은 누구에게 아들들을 맡기실 참이오? 인간으로서의 미덕과 시민으로서의 미덕에 관해 잘 아는 사람이 도대체 누구지요? 당신은 아들들이 있으니 이 문제를 숙고해보았을 것 같아 물어보는 것이오. 그런 사람이 있나요, 아니면 없나요?" "있고말고요!"라고 그가 말했습니다. "누구지요? 어디 출신이며, 얼마를 받고 가르치나요?"라고 내가 물었습니다. "그의 이름은 에우에노스요, 소크라테스!" 그가 대답했습니다. "그는 파로스 출신이며 수업료로 5므나[11]를 받지요." 만약 에우에노스가 정말로 그런 기술[12]을 가지고 있어 그런 적당한 가격에 그 기술을 가르쳐준다면 에우에노스야말로 축하받아 마땅하다고 나는 생각했습니다. 아무튼 내게 그런 지식이 있다면 나는 틀림없이 으스대고 우쭐댈 것입니다. 하지만 내게는 그런 지식이 없습니다, 아테나이인 여러분!

그러면 여러분 중에 아마도 이렇게 되받아칠 사람이 있을 것입니다. "그렇다면 소크라테스, 당신이 하는 일이 뭐요? 당신에 대한 이런 비방은 대체 어디서 생겨난 것이오? 당신이 예사롭지 않은 일을 하지 않았다면 왜 사람들이 당신을 그토록 비방했겠소? 당신이 뭔가 남다른 일을 하지 않았다면 분명 그런 평판과 소문이 돌지 않았을 것이오. 그러니 우리가 당신을 경솔하게 판단하지 않도록 당신이 하는 일이 대체 무엇인지 말해주시오!" 이는 정당한 요구라고 생각됩니다. 그래서 나는 어째서 내가 그런 명성을 얻고 그런 비방을 받게 되었는지 여러분에게 밝혀보겠습니다. 자, 내 말을 끝까지 들어주십시오! 여러분 가운데 어떤 이들에게는 내 말이 농담처럼 들릴 것입니다. 하지만 알아두십시오! 나는 여러분에게 진실만을 말하려 합니다. 아테나이인 여러분, 내가 그런 명성을 얻은 것은 바로 어떤 지혜[13] 때문입니다. 그게 어떤 지혜냐고요? 그것은 아마도 인간적 지혜일 것입니다. 내게는 실제로 인간적 지혜가 있는 것 같으니 말입니다. 그러나 앞서 말한 사람들[14]에게는 초인적 지혜가 있는 듯합니다. 나로서는 달리 설명할 길이 없어요. 내게는 그런 지식이 없기 때문이죠. 그리고 누구든 내게 그런 지식이 있다고 말하는 사람은 거짓말로 나를 모함하려는 것입니다. 아테나이인 여러분, 여러분은 내가 큰소리치는 것처럼 들리더라도 야유하지 마십시오. 지금 나는 여러분에게 내가 지어낸 이야기를 하려는 것이 아니라, 여러분이 믿을 수 있는 분의 말

---

11   그리스의 화폐 단위. 1므나(mna)는 100드라크메(drachme)이며, 당시 기능인의 일당이 1드라크메였다고 한다.
12   techne.
13   sophia.
14   소피스트들.

을 전하려는 것이니까요. 내게 어떤 지혜가 있는지, 있다면 그
게 어떤 종류의 지혜인지에 관해 나는 델포이의 신[15]을 여러분
앞에 증인으로 부를까 합니다. 여러분은 아마 카이레폰을 알고
있겠지요. 그는 소년시절부터 내 동지였고, 여러분과 함께 추
방당했다가 여러분과 함께 돌아온[16] 민주주의의 열렬한 지지
자였습니다. 그래서 여러분은 카이레폰이 어떤 사람인지, 그가
무슨 일이든 자기가 하고자 하는 일에 얼마나 열성적인지 알
고 있을 것입니다. 그런 그가 언젠가 델포이에 가서 감히 신에
게 물었습니다—아까도 말했지만 제발 야유하지 마십시오, 여
러분!—소크라테스보다 더 지혜로운 사람이 있는지 말입니다.
그러자 예언녀[17]가 더 지혜로운 사람은 아무도 없다고 대답했
습니다. 카이레폰은 죽고 없으니, 이에 관해서는 여기에 와 있
는 그의 아우[18]가 증언해줄 것입니다.

여러분은 내가 왜 이런 말을 하는지 잘 생각해보십시오.
나에 대한 선입관이 어떤 연유로 생겨났는지 여러분에게 설명
하려는 것입니다. 그 이야기를 들었을 때 나는 이렇게 생각했
습니다. '신께서 무슨 말씀을 하시는 것일까? 그 수수께끼는 대
체 무슨 뜻일까? 나야말로 큰일이든 작은 일이든 매사에 지혜
롭지 못하다는 것을 내가 잘 아는데, 신께서는 대체 무슨 뜻으
로 내가 세상에서 가장 지혜로운 자라고 말씀하시는 것일까?
신께서 거짓말을 할 리는 없는데. 그것은 그분답지 못한 일이니

까.' 한동안 신이 하신 말씀이 무슨 뜻인지 몰라 곤혹스러워하다가, 나는 겨우겨우 다음과 같은 방법으로 그 말이 사실인지 알아보기로 작정했습니다. 나는 지혜롭기로 명망 높은 어떤 사람을 찾아 이야기하러 갔습니다. 그래야만 "여기 나보다 더 지혜로운 사람이 있는데, 당신은 내가 가장 지혜로운 사람이라고 하셨습니다"라고 내가 신탁을 부정하고 반박할 수 있을 것이라 믿었기 때문입니다.

그래서 나는 그 사람과 면담했습니다. 그가 누구인지 이름을 댈 필요는 없겠지요. 그는 정치가였는데, 나는 그를 시험해보고 다음과 같은 경험을 했습니다, 아테나이인 여러분! 말하자면 나는 그와 대화해보고 그가 많은 사람에게 지혜롭다고 여겨지고 특히 그 자신이 스스로를 지혜롭다고 여기지만 사실은

---

15 아폴론(Apollon). 중부 그리스의 델포이 시에는 그의 신전과 신탁소가 있었다.

16 기원전 404년 펠로폰네소스전쟁에서 아테나이가 스파르테에 패하자 스파르테는 이른바 '30인 참주' 정권을 세워 아테나이 민주정체 지지자들을 대거 추방한다. 그러나 이듬해인 기원전 403년 민주정체 지지자들이 쿠데타에 성공하여 '30인 참주'를 몰아내고 추방당한 동지들을 다시 아테나이로 불러들인다.

17 퓌티아(Pythia).

18 카이레크라테스(Chairekrates). 크세노폰(Xenophon), 『소크라테스 회상록』(*Apomnemoneumata Sokratous*) 2권 3장 1절 참조.

지혜롭지 못하다는 인상을 받았습니다. 그래서 나는 그가 지혜롭다고 여겨질 뿐 사실은 지혜롭지 못하다는 것을 그에게 보여주려 했습니다. 그 결과 나는 그 사람에게 그리고 그 자리에 있던 많은 사람에게 미움을 샀습니다. 하지만 나는 그곳을 떠나며 마음속으로 생각했습니다. '저 사람보다는 분명 내가 더 지혜롭네. 둘 다 남에게 내세울 만한 것이라곤 아무것도 알지 못해도, 그는 자기가 알지 못하는 것을 안다고 생각하는 반면 나는 모르는 것은 모른다고 생각하니까. 아무튼 그 차이가 아주 작긴 하지만, 나는 내가 모르는 것을 안다고 생각하지 않는 만큼은 저 사람보다 더 지혜로운 것 같아.' 그 뒤 나는 더 지혜롭다는 다른 사람과 면담하러 갔고, 이번에도 똑같은 인상을 받았습니다. 그리고 거기서도 그 사람과 다른 많은 사람에게 미움을 샀지요.

그때부터 나는 여러 사람과 차례차례 만나 이야기했습니다. 내가 미움을 산다는 것을 알고 슬프고 두렵기도 했지만, 신에 관한 일을 최우선으로 생각해야 한다고 믿었습니다. 그래서 나는 신탁의 의미를 알아내기 위해 그것을 알고 있을 법한 사람을 모두 찾아가 면담하지 않을 수 없었습니다. 아테나이인 여러분, 또한 개에 걸고 맹세하건대[19]—나는 여러분에게 진실을 말해야 하니까요—나는 솔직히 말해 다음과 같은 인상을 받았습니다. 내가 신의 속뜻을 알기 위해 조사해본 결과, 말하자면 가장 명망 높은 사람들이 사실은 가장 결함이 많고, 그들만 못하다고 생각되는 사람들이 그들보다 오히려 사리가 더 밝은 것 같았습니다. 나는 여러분에게 내 편력 이야기를 들려주려 합니다. 그 편력은 말하자면 신탁이 부인할 수 없는 사실이라는 것을 확인하기 위한 헤라클레스의 12고역과도 같은 고난의 연속이었습니다.

정치가들 다음으로 나는 비극 시인들과 디튀람보스[20] 시인들, 그 밖의 다른 시인들을 찾아갔는데, 그들을 만나보면 그들보다 내가 더 무지한 것으로 드러나리라 믿었기 때문입니다. 그래서 나는 그들의 최고 역작이라 여겨지는 작품들을 골라 그것들이 무엇을 의미하는지 따져 물었습니다. 그들에게서 무엇인가를 배우기 위해서였지요. 여러분, 여러분에게 진실을 말하기가 민망하지만 진실을 말하지 않을 수 없군요. 그 자리에 있던 다른 사람이 시인의 작품을 시인 자신보다 사실상 더 잘 설명할 수 있었습니다. 그래서 나는 곧 시인들에 관해서도 다음과 같은 진실을 알게 되었지요. 즉 시인들은 지혜가 아니라 일종의 소질이나 영감으로 시를 짓는다는 것[21]을. 그리고 시인들의 영

---

19 당시 그리스인들은 대개 제우스에 걸고 맹세했지만, 맹세할 때 신의 이름을 함부로 부르는 것을 피하려고 플라타너스나 양배추 따위의 식물이나 거위, 개, 양 따위의 동물에 걸고 맹세하기도 했다.

20 주신(酒神) 디오뉘소스(Dionysos)에게 바치는 합창 서정시.

21 플라톤, 『이온』(Ion) 533d~535a 참조.

감 역시 그럴듯한 말을 많이 하지만 자신들이 무슨 말을 하는지 알지 못하는 예언가나 신탁을 들려주는 사람들의 영감과 같다는 것을. 시인들의 처지도 분명 정치가의 처지와 마찬가지인 것 같았습니다. 동시에 나는 시인들이 자신들은 시인인 만큼 사실은 전혀 모르는 다른 일들에 관해서도 가장 잘 안다고 자부한다는 것을 알았습니다. 그래서 나는 내가 정치가들보다 더 나은 바로 그 점에서 시인들보다 더 낫다고 여기고 그들 곁을 떠났습니다.

마지막으로 나는 장인(匠人)들에게 갔습니다. 나는 나 자신이 거의 아무것도 아는 게 없다는 것을 알지만, 적어도 그들만은 훌륭한 지식이 많은 것으로 밝혀지리라고 확신했기 때문입니다. 그리고 그 점에서 내 예상은 틀리지 않았습니다. 그들은 실제로 내가 모르는 것들을 알고 있었고, 그 점에서는 나보다 더 지혜로웠습니다. 하지만 아테나이인 여러분, 훌륭한 장인들도 시인들과 똑같은 실수를 저지르는 것처럼 보이더군요. 그들은 나름대로 탁월한 기술을 가졌다는 이유로 가장 중요한 다른 일에서도 자기들이 가장 지혜롭다고 주장했으며, 이러한 과오는 그들의 지혜마저 무색하게 만들어버렸습니다. 그래서 나는 신탁을 대신하여, 그들처럼 지혜롭지도 무지하지도 않은 현재 상태대로 있을 것인지, 아니면 그들의 두 속성을 다 가질 것인지 나 자신에게 물었습니다. 그러고는 나 자신과 신탁에게, 현재 상태대로 있는 것이 내게는 더 낫겠다고 대답했습니다.

아테나이인 여러분, 나는 이처럼 찾아다니며 캐물은 까닭
에 많은 사람에게 감당하기 어려울 정도의 심한 미움을 샀습니다. 그리고 그렇게 미움을 산 탓에 모함을 받았고, '현자'라고 불리게 되었지요. 그도 그럴 것이, 내가 다른 사람의 주장을 반박할 때마다 그 자리에 있던 사람들은 내가 그 주제에서는 지혜롭다고 생각했기 때문입니다. 그러나 여러분, 신만이 진정한 현자이며, 신께서는 그 신탁을 통해 인간의 지혜란 별로, 아니 전혀 가치가 없다고 우리에게 말씀하시는 것 같습니다. 또한 내가 보기에, 신께서 이 소크라테스를 거명하신 것은 단지 나를 본보기로 삼아 "인간들이여, 너희 가운데 가장 지혜로운 자는 소크라테스처럼 지혜에 관한 한 자신이 진실로 보잘것없다는 것을 깨달은 자이니라!"라고 말씀하시기 위해서인 것 같습니다. 그래서 나는 지금도 여전히 누가 지혜롭다고 생각되면 시민이든 이방인이든 신의 명령에 따라 두루 찾아다닙니다. 그리고 그가 지혜롭지 않다고 생각되면 나는 신을 섬기기 위해 그가 지혜롭지 않다는 것을 입증합니다. 그리고 나는 그런 일을 하느라 바빠 나라를 위해서도 가정을 위해서도 이렇다 할 일을 하지 못했고, 신을 섬기느라 몹시 가난하게 살아가고 있습니다.

게다가 부잣집 아들들로서 누구보다 여가가 많은 젊은이들이 자진하여 나를 따라다니며 내가 사람들에게 캐묻는 것을

23a

b

c

소크라테스의 변론

031

듣고 좋아합니다. 젊은이들은 때로는 나를 흉내 내어 다른 사람들에게 캐묻곤 합니다. 그러다 보니 그들은, 자신은 좀 안다고 생각하지만 사실은 별로, 아니 전혀 모르는 사람들을 수없이 발견하는 것 같습니다. 그 결과 젊은이들에게 이렇게 당한 사람들은 자신에게 화를 내는 것이 아니라 나에게 화를 내며, 소크라테스라는 가장 무서운 괴질이 젊은이들을 타락시킨다고 불평을 늘어놓습니다. 그래서 소크라테스가 대체 무슨 짓을 하고 무엇을 가르치기에 젊은이들을 타락시키느냐고 누가 그들에게 물으면, 그들은 내가 무엇을 하는지 몰라 아무 대답도 못합니다. 그러나 난처해하는 기색을 보이지 않으려고 그들은 "하늘에 있는 것과 지하에 있는 것들"이라는 둥, "신들을 믿지 않는다"는 둥, "사론을 정론으로 만든다"는 둥 모든 철학자에게 써먹을 수 있는 비난을 늘어놓지요. 아마도 그들은 자신들이 아는 척을 하긴 하지만 사실은 아무것도 아는 것이 없다는 진실을 시인하기 싫은가 봅니다. 활동적이고 수도 많은 그들은 자신들의 명성을 지키고 싶어서 나에 대해 그럴듯한 말을 열심히 늘어놓으며 오랫동안 악의적인 비방으로 여러분의 귀를 가득 채웠습니다. 이런 이유에서 멜레토스와 아뉘토스와 뤼콘이 나를 공격한 것입니다. 멜레토스는 시인들을 위해, 아뉘토스는 장인들과 정치가들을 위해, 뤼콘은 연설가들을 위해 내게 적의를 품었습니다. 따라서 내가 변론의 첫머리에서 말했듯이, 만약 내가 그토록 오랫동안 누적된 나에 대한 선입관을 이토록 짧은 시간에 여러분 마음에서 없앨 수 있다면 나 자신도 놀랄 테지요. 아테나이인 여러분, 이것이 진실이며, 크든 작든 나는 여러분에게 아무것도 숨기지 않고 기탄없이 말씀드리고 있습니다. 나는 바로 이런 태도 때문에 내가 미움을 산다는 것을 잘 압니다. 또한 그것은 내 말이 옳다는 증거이기도 하거니와, 나에 대한 비방의 성격과 원인들이 그런 것이라는 증거이기도 합니다. 여러분이 지금이나 나중에라도 조사해보면 내가 말한 것이 그대로 사실임을 알 것입니다.

첫 번째 고발인들이 제기하곤 하던 고발 내용과 관련해서는 내가 여러분에게 이쯤 변론하면 충분할 것입니다. 이번에는 훌륭한 애국자로 자처하는 멜레토스에게 맞서 나를 변호한 다음, 나중에 나를 고발한 다른 사람들에게 맞서 그렇게 할 것입니다. 그들이 최근에 나를 고발한 것처럼 먼저 그들의 선서 진술서를 다시 검토해봅시다. 그 내용은 대충 다음과 같습니다. 멜레토스에 따르면 "소크라테스는 젊은이들을 타락시키고, 나라가 인정하는 신들을 인정하는 대신 다른 새로운 신[22]들을 믿음으로써 불법을 저지르고 있다"는 것입니다. 고발 내용은 그러합니다. 이런 고발 내용을 조목조목 검토해봅시다.

---

22 daimonion. 문맥에 따라 '초인간적인 것'으로도 옮겼다.

멜레토스는 내가 젊은이들을 타락시킴으로써 불법을 저지르고 있다고 주장합니다. 그러나 아테나이인 여러분, 나는 멜레토스야말로 사람들을 함부로 법정에 소환하고 여태껏 아무 관심도 없던 일들을 진지하게 염려하는 척함으로써 중대사를 가지고 노는 잘못을 저지르고 있다고 주장합니다. 그것이 사실이라는 것을 내 여러분에게도 보여드리겠습니다.

멜레토스여, 앞으로 나와 답변해보시오! 우리 젊은이들이 최대한 훌륭해지는 것이 그대의 주된 관심사이겠지요? 아닌가요?

"그렇습니다."

자, 이번에는 여기 이 배심원들에게 말해보시오. 누가 젊은이들을 더 훌륭하게 만들지요? 그대가 그 일에 관심이 있다면 모를 리 없겠지요. 그대는 나를 젊은이들을 타락시키는 사람으로 여기고 여기 배심원들 앞에서 나를 고발하니 말이오. 그러니 자, 그대는 젊은이들을 더 훌륭하게 만드는 사람이 누구인지 여기 이분들에게 알려드리시오. 멜레토스여, 그것 보시오. 그대는 침묵을 지키며 답변을 하지 않는군요. 이는 부끄러운 일이며, 그대는 이 일에 아무 관심도 없었다는 내 말이 사실임을 충분히 입증하는 것이라고 생각지 않소? 이봐요, 말해보시오. 누가 젊은이들을 더 훌륭하게 만드오?

"법률입니다."

이봐요, 내가 묻는 것은 그게 아니라 그대가 말하는 법률 지식을 최우선으로 생각하는 사람이 누구인가 하는 거라오.

"여기 이 배심원들입니다, 소크라테스!"

무슨 말을 하는 게요, 멜레토스? 이분들이 젊은이들을 교육해서 더 훌륭하게 만들 수 있다는 말인가요?

"그렇고말고요."

이분들 전부가 그런가요, 아니면 일부는 그렇고 일부는 그렇지 않은가요?

"전부요."

헤라에 맹세코, 참 반가운 소식이로군요. 도움을 줄 수 있는 사람들이 그토록 많다니. 이건 어떤가요? 여기 이 방청객들은 젊은이들을 더 훌륭하게 만드나요, 아니면 그러지 않나요?

"이분들도 그러지요."

평의회[23] 위원들은 어떻소?

"평의회 위원들도 그러지요."

그러면 멜레토스여, 민회에 참석하는 개별 회원들도 젊은이들을 타락시키지 않겠지요? 그들도 모두 젊은이들을 훌륭하게 만드나요?

---

23 boule. 10개 부족에서 50명씩 모두 5백 명으로 구성되었는데, 1년을 10등분해서 10개 부족이 번갈아 가며 집행부 일을 맡아보았다.

"그분들도 그러지요."

그러면 나를 제외한 모든 아테나이인이 젊은이들을 고매하고 훌륭하게 만드는데, 오직 나만이 젊은이들을 타락시키는 것 같군요. 그대의 말은 그런 뜻인가요?

"내 말은 전적으로 그런 뜻입니다."

그대 말대로라면 나는 엄청나게 불운한 사람이겠구려. 그렇다면 대답해보시오. 그대는 말(馬)들의 경우에도 그러리라고 생각하시오? 말들을 훌륭하게 만드는 것은 모든 사람이지만 말들을 망치는 것은 단 한 사람뿐이라고? 아니면 그와는 정반대로 말들을 훌륭하게 만들 수 있는 사람은 단 한 사람이거나 극소수 사람들, 즉 조마사(調馬師)들뿐이고 대부분의 사람은 말들과 함께하거나 말들을 이용할 때 말들을 망쳐놓나요? 멜레토스여, 말들의 경우에도 그렇지만 다른 모든 동물의 경우에도 그러지 않겠소? 틀림없이 그럴 것이오. 그대와 아뉘토스가 시인하든 부인하든 말이오. 그리고 우리 젊은이들을 망치는 것은 단 한 사람뿐이고 나머지는 모두 이롭게 한다면, 우리 젊은이들이야말로 크게 복 받았다고 해야 할 것이오. 멜레토스여, 그대는 자신이 젊은이들에게 관심이 없었음을 충분히 보여주었소. 또한 그대는 지금 나를 피고인으로 법정에 세운 사건에 실은 전혀 관심이 없었으니, 그대야말로 무책임한 사람임이 백일하에 드러났소이다.

그 밖에도 멜레토스여, 제우스에 맹세코 우리에게 말해주시오. 선량한 시민들 속에서 사는 것이 더 나은가요, 아니면 사악한 시민들 속에서 사는 것이 더 나은가요? 이봐요, 대답하시오. 내 질문은 어려운 질문이 아니니까요. 사악한 자들은 그때그때 가장 가까운 이웃들에게 뭔가 나쁜 짓을 하지만, 착한 사람들은 뭔가 착한 일을 하지 않을까요?

"그야 물론이지요."

함께하는 사람들에게 도움을 받기보다 해를 입기를 원하는 사람이 있을까요? 이봐요, 대답하시오. 법도 대답할 것을 요구하고 있소. 누구든 해를 입기를 원하는 사람이 있을까요?

"물론 없겠지요."

좋소. 그대는 내가 젊은이들을 타락시키고 더 사악하게 만든다 하여 나를 법정에 피고인으로 세웠소. 그러면 내가 고의적으로 그런다는 거요 아니면 본의 아니게 그런다는 거요?

"고의적으로 그런다고 나는 생각합니다."

멜레토스여, 그러면 뭐요? 그대는 그 나이에 이 나이의 나보다 더 지혜롭다는 거요? 그래서 그대는 나쁜 자들은 그때그때 가장 가까운 이웃들에게 뭔가 나쁜 짓을 해도 착한 사람들은 착한 일을 한다는 것을 알았는데도, 나라는 사람은 함께하는 사람 중 누군가를 악당으로 만들면 그에게 해코지당할 위험이 있다는 것도 모를 만큼 무지해서 그대의 말처럼 고의적으로 그런 악행을 저지른단 말인가요? 멜레토스여, 나는 그대의 그런 주장이 납득이 안 가고 다른 사람도 납득이 가지 않을 것이라고 생각하오. 오히려 나는 타락시키지 않거나, 타락시킨다면 본의 아니게 그러는 것이겠지요. 그러니 어느 경우건 그대의 주장은 틀렸소. 또한 내가 본의 아니게 타락시키는 것이라면, 그런 본의 아닌 과오 때문에 사람을 피고인으로 법정에 세울 게 아니라 개인적으로 불러 가르치고 훈계하는 것이 정당한 조치일 거요. 가르침을 받으면 나는 분명 본의 아닌 행동을 그만둘 테니. 그러나 그대는 나와 만나기를 회피하고 나를 가르치기를 거절하더니 나를 피고인으로 법정에 세우는구려. 법은 가르침이 필요한 사람들이 아니라, 처벌이 필요한 사람들을 법정에 세우기를 요구하는데도 말이오.

아테나이인 여러분, 이제 멜레토스는 내 말대로 이런 일들에 많고 적고를 떠나 전혀 관심이 없었다는 것이 밝혀졌습니다. 그렇지만 멜레토스여, 우리에게 말해주시오. 내가 어떻게 젊은이들을 타락시킨다는 게요? 그대가 작성한 고발장에 따르면 나는 국가가 믿는 신들 대신 다른 새로운 신들을 믿도록 가르침으로써 젊은이들을 타락시킨다고 했는데, 맞나요? 그대의 말은 내가 그렇게 가르침으로써 젊은이들을 타락시킨다는 뜻이 아닌가요?

"내 말은 분명 그런 뜻입니다."

그렇다면 멜레토스여, 지금 우리가 논의하는 바로 그 신들에 맹세코, 그대는 나와 여기 이분들에게 좀더 분명히 말해주시오. 나는 그대가 어느 것을 주장하는지 몰라서 그러오. 내가 어떤 신들을 믿도록 젊은이들을 가르치는데—그러려면 나는 신들의 존재를 믿어야 하니 전적으로 무신론자는 아니며, 그 점에서 나는 불법을 저지르지 않은 셈이오—그 신들이 국가가 믿는 신들과는 다른 신들이기에 그대는 이런 이유로 나를 고소하는 건가요? 아니면 나는 신들을 아예 믿지 않으며, 다른 사람들에게도 믿지 말라고 가르친다는 뜻인가요?

"내 말은 그대는 신들을 아예 믿지 않는다는 뜻입니다."

멜레토스여, 그대는 참 이상한 사람이구려. 어째서 그런 말을 하는 게요? 그러니까 나는 남들처럼 해와 달도 신으로 인정하지 않는다는 말인가요?

"제우스에 맹세코, 그는 인정하지 않습니다, 배심원 여러분! 그는 해를 돌이라 하고, 달을 흙이라 하니까요."

친애하는 멜레토스여, 그대는 자신이 고소한 사람이 아낙사고라스[24]라고 생각하시오? 그대는 여기 이 배심원들을 그렇

---

24 Anaxagoras. 소아시아 이오니아 지방 자연철학자로, 기원전 5세기에 주로 아테나이에서 활동했다. 우주를 물리적으로 해석하려 한 까닭에 무신론자로 낙인찍혀 아테나이에서 추방당했다.

게 우습게 보고는 이분들이 클라조메나이 사람인 아낙사고라스의 저술들이 그런 주장들로 가득 차 있다는 것조차 모를 정도로 문맹자라고 생각하오? 그리고 그대는 정말로 젊은이들이 나한테 그런 것들을 배운다고 생각하오? 그런 것들은 1드라크메만 주면 가끔 서점에서 살 수 있고, 특히 그런 것들이 그처럼 이상야릇하다면 소크라테스를 비웃어줄 수 있을 텐데도 말이오. 제우스에 맹세코, 그대는 내가 정말로 그렇게 정신 나간 사람이라고 생각하오? 나는 신의 존재를 아예 인정하지 않나요?

"제우스에 맹세코, 눈곱만큼도 인정하지 않습니다."

멜레토스여, 나는 그대의 말이 납득이 가질 않으며 그대 자신도 아마 그럴 것이오. 아테나이인 여러분, 이 사람이 이토록 오만방자한 걸 보니, 순전히 오만방자한 마음과 젊은 혈기에서 나를 고발한 것 같습니다. 그는 누구를 떠보려고 수수께끼를 지어낸 사람과도 같습니다. "현자라는 소크라테스는 내가 장난삼아 앞뒤가 맞지 않는 말을 한다는 것을 과연 알아차릴까, 아니면 내가 그와 그 밖의 다른 방청객을 속일 수 있을까?" 이 사람이 고발장에서 앞뒤가 맞지 않는 말을 하는 것 같기에 하는 말입니다. 그것은 마치 그가 "소크라테스는 신들을 믿지 않지만 신들을 믿음으로써 불법을 저지르고 있다"고 말하는 것과도 같습니다. 그리고 그것은 말장난에 불과합니다.

그러면 여러분, 어째서 내가 그의 말이 그런 뜻이라고 생각하는지 함께 검토해보기로 합시다! 멜레토스여, 그대는 우리에게 대답하시오. 그리고 나머지 분들은 내가 여느 때처럼 토론을 해나가더라도 야유를 보내지 말아달라는 변론 첫머리의 내 요청을 기억해주시기 바랍니다.

멜레토스여, 인간에 관한 일은 있다고 믿으면서 인간은 없다고 믿는 사람이 세상에 있을까요? 여러분, 그가 대답하게 하시고, 자꾸 딴전을 부리지 못하게 하십시오. 말(馬)은 없다고 믿으면서 말들에 관한 일은 있다고 믿는 사람이 있을까요? 또는 피리 연주자는 없다고 믿으면서 피리에 관한 일은 있다고 믿는 사람이 있을까요? 이봐요, 그런 사람은 아무도 없을 것이오. 그대가 대답하려 하지 않으니 내가 그대와 여기 이 배심원들을 위해 대답하리다. 하지만 다음 질문에는 대답해야 하오. 초인간적인 일은 있다고 믿으면서 초인간적 존재는 없다고 믿는 사람이 있을까요?

"없습니다."

그대가 여기 이 배심원들에게 강요당하여 마지못해 대답하긴 했지만 어쨌거나 대답해주어 고맙소. 그런데 그대는 내가 초인간적 일을 믿으며 남들도 믿도록 가르친다고 주장하오. 그것이 새로운 것이든 옛것이든 그대의 주장에 따르면 나는 초인간적인 것을 믿으며, 그대는 선서 진술서에서 그렇다고 맹세까지 했소. 그런데 내가 초인간적인 것을 믿는다면, 내가 초인간적 존재[25]도 믿는다는 것은 당연한 결론일 것이오. 그렇지 않나요? 그렇겠지요. 그대가 대답하지 않으니 나는 그대가 동의한 것으로 간주하겠소. 그런데 우리는 초인간적 존재를 신 또는 신의 자식으로 여기지 않나요? 그렇소, 그렇지 않소?

"물론 그렇지요."

만약 내가 그대의 말처럼 초인간적 존재를 믿는다면 그리고 초인간적 존재가 일종의 신이라면, 그대는 내가 앞서 말했듯이 재미 삼아 수수께끼로 나를 시험한다고 볼 수밖에 없소. 그대는 처음에 내가 신들을 믿지 않는다고 말했다가 이번에는 내가 초인간적 존재를 믿으니 신들을 믿는다고 말하기 때문이오. 그리고 요정이 낳았건 전해 내려오는 대로 다른 어머니가 낳았건 만약 초인간적 존재들이 신들의 서자들이라면, 신들의 자식들은 있다고 믿으면서 신들은 없다고 믿는 사람이 세상에 있을까요? 그것은 말과 당나귀의 새끼인 노새는 있다고 믿으면서 말과 당나귀는 없다고 믿는 것만큼이나 불합리할 것이오. 멜레토스여, 간단히 말해 그대가 이런 고발장을 쓴 것은 우리를 떠보려고, 아니면 나를 고발할 만한 진짜 죄과를 찾아내지 못해서임이 확실하오. 같은 사람이 초인간적인 일과 신적인 것을 믿으면서도 초인간적 존재도 신도 영웅도 믿지 않을 수 있다고 그대가 아무리 주장해도, 조금이라도 분별력 있는 사람이라면 결코 납득하지 못할 것이오.

그러니 아테나이인 여러분, 나는 멜레토스가 고발장에서 주장한 대로 불법을 저지르지 않은 만큼 더이상의 변론이 필요하지 않으며 이로써 충분하다고 생각합니다. 하지만 변론 첫머리에서 내가 많은 사람에게 심한 미움을 샀다고 말한 바 있는데, 여러분은 내 말이 사실이라는 것을 잘 알고 있습니다. 그리고 그 때문에 나는 유죄 판결을 받을 것입니다. 내가 유죄 판결을 받는다면, 그것은 멜레토스 때문도 아뉘토스 때문도 아니고, 많은 사람의 선입관과 시샘 때문이겠지요. 그동안 그것들이 죄 없는 많은 사람에게 유죄 판결을 내리게 했고, 앞으로도 그러할 것입니다. 그런 일은 나에게서 끝나지는 않을 것입니다.

어쩌면 이렇게 말하는 사람도 있겠지요. "오오, 소크라테스! 그대는 지금 그대 목숨을 위태롭게 하는 그런 일에 앞장선 것이 부끄럽지도 않소?" 그에게는 다음과 같이 대답하는 것이 옳겠지요. "이봐요, 조금이라도 쓸모 있는 자라면 어떤 행동을 할 때 그 행동이 옳은지 그른지, 뛰어난 사람의 행동인지 못난 사람의 행동인지만 고려할 것이 아니라, 살게 될지 죽게 될지를 저울질해야 한다는 게 그대 생각이라면, 그대의 말은 옳지 못하오. 그 논리대로라면, 트로이아에서 전사한 수많은 영웅, 그중에서도 특히 여신 테티스의 아들 아킬레우스[26]야말로 보

---

25 daimon.

잘것없는 인물일 테니까요. 그는 치욕을 참고 견디느니 다음과 같이 위험을 무시했으니 말이오. 그가 헥토르를 죽이기를 열망하자 여신인 그의 어머니는 내 기억으로는 대충 이렇게 말했소. '내 아들아, 죽은 네 전우 파트로클로스의 원수를 갚기 위해 헥토르를 죽이면, 너도 죽느니라.[27] 그것도 당장. 헥토르 다음에는 너에게 죽음의 운명이 마련되어 있기 때문이다.'[28] 아킬레우스는 그 말을 듣고도 죽음과 위험을 대수롭지 않게 여겼으니, 친구의 원수를 갚지 못하고 못난 사람으로 살아가는 것이 훨씬 더 두려웠기에 이렇게 말하지요. '저는 당장 죽고 싶습니다, 악당을 응징하고 나서. 여기 부리처럼 휜 함선들 옆에 남아 웃음거리가 되고 대지에 짐이 되느니 말입니다.' 그대는 그가 죽음과 위험을 염려했다고 생각하오?"

아테나이인 여러분, 사실은 다음과 같습니다. 누가 자신이 가장 좋은 곳이라고 여겨서든 지휘관의 명령에 의해서든 일단 한곳에 자리 잡으면 위험을 무릅쓰고 자리를 지켜야 하며, 죽음이나 그 어떤 것보다 치욕을 염려해야 한다고 나는 생각합니다. 따라서 아테나이인 여러분, 여러분이 나를 지휘하도록 선출하신 지휘관들이 포테이다이아와 암피폴리스와 델리온에서 내게 자리를 정해주었을 때 나는 누구 못지않게 죽음을 무릅쓰며 내 자리를 지켰습니다.[29] 그러한 내가 나중에 나 자신과 남들을 탐구하며 철학자의 삶을 살라고 신께서 정해주셨을 때—

나는 그렇다고 믿어 의심치 않습니다—죽음이나 그 밖의 다른 것이 두려워서 내 자리를 뜬다면, 나는 심한 자기모순에 빠질 것입니다. 심한 자기모순이고말고요. 그런 경우라면 내가 신들의 존재를 믿지 않고, 신탁에 복종하지 않으며, 죽음을 두려워하고, 지혜롭지도 않으면서 스스로 지혜롭다고 생각한다는 이유로 법정에 소환되어도 백번 옳습니다. 배심원 여러분, 죽음을 두려워한다는 것은 지혜롭지도 않으면서 스스로 지혜롭다고 생각하는 것 이외에 아무것도 아닙니다. 그것은 자기가 모

---

26 아킬레우스(Achilleus)는 바다의 여신 테티스(Thetis)의 아들이며, 트로이아 (Troia)전쟁 당시 으뜸가는 그리스군 용장이었다. 그는 죽마고우 파트로클 로스(Patroklos)가 적장 헥토르(Hektor)의 손에 죽자, 헥토르를 죽이고 나면 자기도 곧 죽을 줄 알면서도 싸움터에 뛰어든다.

27 이하 『일리아스』(*Ilias*) 18권 94~104행을 편집한 것이다.

28 『일리아스』 18권 96행.

29 기원전 432년 그리스 북쪽에 있는 트라케(Thraike) 지방 도시 포테이다이 아(Poteidaia)를 둘러싸고 아테나이군과 코린토스(Korinthos)군이 싸운 일에 관해서는 투퀴디데스(Thoukydides), 『펠로폰네소스전쟁사』(*Ho polemos ton Peloponnesion kai Athenaion*) 1권 56~65장 참조. 이 전투에서 소크라테스가 역경을 잘 견뎌낸 일에 관해서는 플라톤, 『향연』 219e~220e 참조. 기원전 424년 보이오티아(Boiotia) 지방 해안도시 델리온(Delion)에서 아테나이군과 테바이(Thebai)군이 싸운 일에 관해서는 『펠로폰네소스전쟁사』 4권 90장 참조. 이 전투에서 소크라테스가 용감하게 싸운 것에 관해서는 『향연』 220e7~221c1 참조. 여기서 트라케 지방 도시 암피폴리스(Amphipolis)에서 벌어진 전투란 『펠로폰네소스전쟁사』 5권 2장에 나오는 기원전 422년의 전투를 말하는 것 같다.

소크라테스의 변론

/

르는 것을 안다고 생각하는 것이니까요. 죽음이 인간에게 사실은 최대의 축복이 아닌지 아는 사람이 아무도 없는데도, 사람들은 죽음이 인간에게 최대의 불행이라는 것을 확실히 아는 것처럼 죽음을 두려워합니다. 모르는 것을 안다고 생각하는 그런 무지야말로 가장 비난받아 마땅한 무지가 아니겠습니까? 여러분, 아마도 나는 바로 이 점에서 대부분의 사람보다는 우월할 것입니다. 내가 어떤 점에서 남보다 더 지혜롭다고 주장한다면, 나는 저승에서의 삶에 관해 충분히 알지 못하기에 내가 모른다고 생각하는 그 점에서 지혜로울 것입니다. 불의를 저지르는 것은, 그리고 신이든 인간이든 자기보다 더 훌륭한 이에게 복종하지 않는 것은 나쁜 짓이고 수치스러운 짓이라는 점을 나는 압니다. 따라서 나는 그것이 나쁘다는 것을 내가 아는 것들보다 사실은 오히려 좋은 것일지도 모르는 것들을 결코 더 두려워하지도, 회피하지도 않을 것입니다. 그러므로 여러분이 아뉘토스의 말을 믿지 않고 나를 무죄방면하시더라도 내가 그렇게 하는 일은 없을 것입니다. 아뉘토스는 내가 애당초 여기 이 법정에 출두하지 않거나, 일단 출두하면 사형에 처해질 수밖에 없다고 주장하며, 만약 내가 이번에 여러분에게서 벗어나면 여러분의 아들들은 소크라테스의 가르침을 실천하느라 모두 타락할 것이라고 했습니다. 만약 여러분이 이에 대해 내게 "오오, 소크라테스! 우리는 이번에 아뉘토스의 말을 듣지 않고 그대를 무죄방면할 것이오. 그러나 한 가지 조건이 있소. 그대는 그런 탐구와 철학에 종사하지 마시오. 그대가 계속 그러다가 붙잡히는 날에는 사형에 처해질 것이오"라고 말씀하신다면, 만약 여러분이 내가 말한 그런 조건으로 나를 무죄방면하시겠다면, 나는 여러분에게 말씀드리겠습니다. 아테나이인 여러분, 나는 여러분을 좋아하고 사랑하지만, 여러분보다는 신에게 복종할 것입니다. 내가 숨을 쉬고 그럴 능력이 있는 한 나는 철학에 종사하는 일도, 여러분에게 조언하는 일도, 만나는 모든 사람에게 여느 때처럼 다음과 같이 지적하는 일도 그만두지 않을 것입니다. "이것 보세요! 당신은 아테나이인이오. 당신의 도시는 가장 위대하며, 지혜롭고 강력하기로 명성이 자자하오. 그런데 부와 명예와 명성은 되도록 많이 얻으려고 안달하면서도 지혜와 진리와 당신 혼의 최선의 상태에 대해서는 관심도 없고 생각조차 하지 않다니 부끄럽지 않소?" 그리고 여러분 가운데 내 말을 반박하며 자기는 그런 것들에 관심이 있다고 주장하는 이가 있다면 나는 그를 바로 떠나보내지도, 그의 곁을 떠나지도 않을 것입니다. 천만에! 나는 따지고 물으며 시험해볼 것입니다. 그리고 말은 그렇게 하지만 실제로 그에게 그런 미덕이 없는 것으로 드러나면, 나는 그가 값진 것들은 경시하면서 하찮은 것들만 중시한다고 나무랄 것입니다. 내가 만나는 사람이 젊은이든 노인이든, 이방인이든 같은 시민이든 누구에게나 그러겠지만, 특히 같은 시민에게는 더더욱 그럴 것입니다. 여러분은 역시 내게는 더 가까운 동포이니까요. 잘 알아두십시오. 내가 그러는 것은 신의 명령이기 때문입니다. 나는 일찍이 이 도시에는 신에 대한 나의 이런 봉사보다 더 큰 축복은 내린 적이 없다고 생각합니다. 내가 돌아다니며 하는 일이라곤 노소를 막론하고 여러분의 몸과 재산이 아니라, 여러분 혼의 최선의 상태에 관심을 쏟는 것을 최우선으로 생각하도록 여러분을 설득하는 것이 전부이니까요. 그러면서 나는 "재산에서는 미덕이 생기지 않지만, 미덕에서는 재산과 그 밖에 사적인 것이든 공적인 것이든 사람에게 좋은 모든 것이 생겨납니다"라고 말합니다. 이런 말로 젊은이들을 타락시킨다면, 내 조언은 해로운 것이겠지요. 그러나 내가 그와 다른 조언을 한다고 주장하는 사람이 있다면, 그는 허튼소리를 하는 것입니다. 아테나이인 여러분, 여러분께 말씀드립니다. "여러분은 이 점을 고려하여 아뉘토스의 말을 따르든지 말든지, 나를 무죄방면하든지 말든지 하십시오. 아무튼 나는 몇 번이고 죽는 한이 있어도 내 태도를 바꾸지 않을 것입니다."

아테나이인 여러분, 야유하지 마십시오. 내가 부탁드린 대로 야유하지 마시고, 내 말에 귀기울여주십시오. 그러는 것이 여러분에게 유익하리라 생각합니다. 이번에는 다른 면을 말씀드리려 하는데, 여러분은 아마 듣고 고함을 지르겠지요. 그렇지만 제발 자제해주십시오. 잘 알아두십시오. 나는 내가 어떤 사람인지 방금 말씀드리기도 했거니와 만약 여러분이 그런 나를 사형에 처하신다면, 그것은 나보다도 여러분 자신에게 더 큰 해가 될 것입니다. 멜레토스도 아뉘토스도 나를 전혀 해칠 수 없습니다. 그럴 힘이 그들에게는 없습니다. 더 나은 사람이 더 못한 사람에게 해를 입는 것은 순리에 어긋난다고 생각되기 때문입니다. 물론 더 못한 사람이 누구를 사형에 처하거나 추방하거나 시민권을 박탈할 수는 있겠지요. 아마도 여기 내 고소인과 몇몇 다른 사람은 그런 것이 큰 해악이라고 생각하겠지만, 나는 그렇게 생각하지 않습니다. 오히려 이 사람이 지금 하고 있듯이 사람을 부당하게 죽이려는 것이 더 큰 해악이라고 생각합니다. 그러니 아테나이인 여러분, 나는 지금 누군가 생각하듯이 나 자신을 위해서가 아니라, 사실은 여러분이 내게 유죄 판결을 내림으로써 신께서 여러분에게 내려주신 선물에 잘못을 저지르는 일이 없도록 변론하는 것입니다. 만약 여러분이 나를 죽이면 나를 대신할 사람을 찾기가 쉽지 않을 것입니다. 표현이 좀 우스꽝스러울지 모르지만, 알기 쉽게 말해 덩치가 크고 혈통이 좋지만 덩치 때문에 굼뜬 편이라서 등에[30]의 자극이 필요한 말에게 등에가 배정되듯, 신에 의해 나는 이 도시에 배정된 것입니

---

30 일종의 쇠파리.

다. 그런 등에 역할을 하라고 신께서 이 도시에 나를 배정하신

것 같습니다. 어디서나 온종일 여러분에게 내려앉아 여러분을 일일이 일깨우고 설득하고 꾸짖으라고 말입니다. 여러분, 여러분은 그런 사람을 쉽게 얻지 못할 것입니다. 여러분이 내 조언을 받아들인다면 나를 살려주겠지요. 그러나 여러분은 아마도 졸다가 깬 사람처럼 짜증이 나서 아뉘토스의 조언에 따라 철썩 쳐서[31] 아무 생각 없이 나를 죽이겠지요. 그러면 신께서 여러분을 염려하여 나를 대신할 누군가를 보내주시지 않는 한, 여러분은 잠 속에서 여생을 보낼 것입니다. 내가 신께서 이 도시에 선사한 그런 선물이라는 것을 여러분은 다음 사실로 미루어 알

수 있습니다. 나는 나 자신의 일은 전혀 돌보지 않고 그처럼 여러 해 동안 집안일이 방치되는 것을 감수하면서까지 여러분을 일일이 찾아가 미덕에 관심을 기울이라고 아버지나 형처럼 조언하며 줄곧 여러분 일을 보아왔는데, 이것이 과연 인간이 해내는 일인가요? 그렇게 해서 이득을 보았거나 조언을 해주고 보수라도 받았다면, 내 행동은 설명될 수 있겠지요. 하지만 여러분도 보다시피, 나를 고발한 사람들은 뻔뻔스럽게 내게 온갖 다른 죄는 덮어씌우면서도 차마 내가 보수를 받았다거나 요구

했다는 증거는 대지 못하고 있습니다. 오히려 나는 내 말이 사실이라는 충분한 증거를 댈 수 있는데, 그것은 바로 내가 가난하다는 것입니다.

그래서 내가 돌아다니며 이렇게 개인적으로 조언하고 남의 일에 참견하면서도 감히 공적으로 여러분의 집회장에 나타나 도시를 위해 조언하지 않는 것이 아마 이상하다 싶을 것입니다. 그 이유를 나는 여러 곳에서 누차 여러분께 말씀드렸습니다. 말하자면 나는 어떤 신적인 또는 초인간적인 현상을 경험했는데, 멜레토스는 고발장에서 이를 희화화한 바 있습니다. 그런 현상은 내가 어릴 때부터 시작됐으며, 일종의 소리로서 내게 나타납니다. 그리고 그것은 나타날 때마다 언제나 내가 하려던 일을 하지 말라고 말렸지, 해보라고 권유한 적은 없습니다. 이것이 내가 정치를 하는 것을 막았으며, 그렇게 막기를 아주 잘했다고 나는 생각합니다. 그도 그럴 것이, 아테나이인 여러분, 잘 알아두십시오. 내가 오래전에 정치를 하려 했다면, 나는 진작에 죽어 여러분에게도 나 자신에게도 아무 도움이 되지 못했을 테니까요. 여러분은 내가 사실을 말하더라도 화내지 마십시오. 말하자면 여러분이나 다른 군중에게 순진하게 맞서며 도시에 수많은 부정과 불법이 자행되는 것을 막으려는 사람은 아무도 살아남지 못할 것입니다. 그러니 진실로 정의를 위해 싸우는 사람은, 잠시라도 살아남으려면 반드시 공인(公人)이 아니라 사인(私人)으로 살아가야 합니다.

31 성가시게 구는 등에를 때려잡으려고 손바닥으로 치는 것을 말한다.

이에 대해 나는 여러분에게 강력한 증거를 대겠습니다. 말이 아니라 여러분이 존중하는 행동으로 말입니다. 여러분은 내가 실제로 경험했던 일을 들어보십시오. 내가 죽음이 두려워 정의를 어기고 어느 누구에게 양보하는 일은 결코 없을 것이며, 설령 내가 당장 죽는 한이 있더라도 그러기를 거부할 것이라는 점을 여러분이 알도록 말입니다. 내가 말하려고 하는 것은 법정에서 흔히 들을 수 있는 평범한 이야기이지만 틀림없는 사실입니다. 아테나이인 여러분, 나는 일찍이 이 도시에서 다른 공직은 맡아본 적이 없지만 평의회[32] 위원이 된 적은 있습니다. 그리고 해전[33]에서 살아남은 병사들을 구출하는 데 실패한 장군 10명을 집단으로 재판에 회부하기로 여러분이 결의했을 때 마침 내가 속한 안티오키스 부족이 회의를 주재하게 되었습니다. 그런 집단 재판은 나중에 여러분도 모두 인정했듯이 위법이었습니다. 그때 여러분의 위법행위에 반대하며 반대표를 던진 집행부 위원은 나 하나뿐이었습니다. 그래서 그 결의안을 지지하는 정치가들은 나를 고발하고 체포할 태세였고, 여러분은 그러라고 고함을 질러댔지만, 나는 구금이나 죽음이 두려워 여러분의 부당한 결정을 지지하느니 위험을 무릅쓰더라도 법과 정의의 편에 서야 한다고 생각했습니다. 이것은 우리 도시가 아직도 민주정체였을 때에 일어난 일입니다. 그 뒤 과두정체가 수립되자,[34] 30인 참주가 다른 4명과 함께 나를 원형 건물[35]로 소환하더니 살라미스 사람 레온을 처형하기 위해 살라미스에서 연행해오라고 했습니다. 그자들은 많은 사람에게 수시로 그런 종류의 명령을 내리곤 했는데, 이는 물론 되도록 많은 사람을 자신들의 범죄에 연루시키기 위해서였습니다. 그때도 나는 좀 거칠게 말해 내게는 죽음이 관심사가 아니며, 불의하고 불경한 짓을 하지 않는 것이 내 모든 관심사라는 것을 말과 행동으로 보여주었습니다. 그 정권이 비록 강력했지만 불의한 짓을 하도록 나를 겁주지는 못했으니 말입니다. 우리가 원형 건물에서 나왔을 때 다른 4명은 살라미스에 가서 레온을 연행해왔으나, 나는 집으로 돌아갔습니다. 그 뒤에 곧 그 정권이 무너지지 않았다면, 아마 나는 그 일 때문에 처형당했을 것입니다. 이에 관해서는 여러분에게 증언해줄 사람이 많이 있습니다.

내가 만약 공적인 업무에 종사했다면, 그리고 선량한 사람답게 정의를 편들며 당연한 일이지만 그러는 것을 최우선으

---

32 주 23 참조.
33 기원전 406년 소아시아 아이올리스(Aiolis) 지방 앞바다에 있는 아르기누사이(Arginousai 또는 Arginoussai) 섬들에서 아테나이 해군이 스파르테 해군에게 마지막으로 이겼지만, 심한 폭풍 때문에 아테나이 장군들은 살아남은 병사들을 구출할 수 없었다.
34 주 16 참조.
35 톨로스(tholos). 아테나이에 있는 원형 건물로 30인 참주는 이 건물을 집무실로 사용했다.

로 생각했다면, 여러분은 내가 이토록 오래 살아남았을 것이라고 생각하십니까? 어림없는 일이지요, 아테나이인 여러분! 다른 어느 누구도 살아남지 못했을 겁니다. 여러분은 내가 공적인 업무에서나 사적인 관계에서나 평생 동안 시종일관 같은 사람이었음을 알게 될 것입니다. 말하자면 나는 지금까지 나를 비방하는 사람들이 내 제자라고 말하는 사람들을 포함해 어느 누구를 위해서도 정의에 반하는 행위를 용인한 적이 없습니다. 나는 한 번도 어느 누구의 선생이 되어본 적이 없습니다. 그러나 내가 본업을 수행하고자 대화하는 것을 누가 듣고 싶어하면, 노소를 막론하고 누구에게도 이를 거절한 적이 없습니다. 나는 또한 보수를 받고 대화하지도 않거니와, 보수를 주지 않는다고 해서 대화를 거절하지도 않습니다. 나는 또한 부자에게도 가난한 사람에게도 똑같이, 그리고 내 질문에 대답하고 내가 하는 말을 듣고 싶어하는 사람의 질문에도 기꺼이 응합니다. 그러니 그들 가운데 누가 선량한 사람이 되건 안 되건 그것을 내 책임으로 돌리는 것은 정당하지 않습니다. 나는 그들 중 누구에게도 내게서 무엇을 배우리라고 약속한 적도 없고, 무엇을 가르친 적도 없기 때문입니다. 그리고 남들은 아무도 배우거나 들은 적이 없는 것을 나에게서 개인적으로 배우거나 들었다고 주장하는 사람이 있다면, 그의 말은 사실이 아니라는 것을 잘 알아두십시오.

그런데 어떤 사람들은 왜 나와 함께 많은 시간을 보내는 것을 재미있어할까요? 아테나이인 여러분, 그 이유를 여러분은 이미 들었습니다. 나는 여러분에게 모든 것을 솔직하게 말했습니다. 그들은, 지혜롭지도 않으면서 스스로 지혜롭다고 생각하는 사람들에게 내가 따지고 묻는 것을 듣고 재미있어하는 것입니다. 하긴 재미가 없지도 않겠지요. 그렇지만 나는 앞서 말했듯이, 신에게서 그렇게 하라는 지시를 받았습니다. 신탁을 통해, 꿈을 통해 그리고 그 밖에 신의 섭리가 어떤 인간에게 무엇을 행하라고 지시했던 온갖 방법으로 말입니다. 아테나이인 여러분, 이 모든 것은 사실이며 쉽게 확인할 수 있습니다. 내가 일부 젊은이들을 타락시키고 또 다른 젊은이들을 이미 타락시킨 것이 사실이라면, 후자 가운데 일부는 이제 나이가 지긋할 테니 젊었을 때 자신들에게 내가 나쁜 조언을 했다는 것을 알고는 몸소 연단에 올라 당연히 나를 고발하고 나에게 복수해야 할 것입니다. 그들이 몸소 그러기를 원하지 않을 때는 아버지나 형제나 다른 가까운 친족 가운데 자기 가족이 나에게서 정말로 해를 입은 사람이 있다면, 지금이라도 당연히 이를 상기하고 내게 복수해야 할 것입니다. 아무튼 그들 가운데 여러 명이 여기 이 법정에 와 있는 것이 보이는군요. 먼저 저기 저 크리톤은 나와 동갑이자 같은 구역 출신이며, 여기 있는 크리토불로스의 아버지입니다. 다음으로 스펫토스 구역 출신인 뤼사니아스도 와 있는데, 그는 여기 있는 아이스키네스의 아버지입니다. 또 저기 저 안티폰은 케피시아 구역 출신으로 에피게네스의 아버지입니다. 그 밖에 그 형제들이 우리 동아리 회원이었던 다른 이들도 와 있습니다. 테오조티데스의 아들로 테오도토스의 형인 니코스트라토스 말입니다. 테오도토스는 죽었으니 형에게 무엇을 부탁할 수 있는 처지가 아닙니다.[36] 그리고 데모도코스의 아들로 테아게스와 형제간인 파랄리오스도 여기 와 있고, 아리스톤의 아들이자 저기 저 플라톤의 형인 아데이만토스[37]도 여기 와 있으며, 여기 있는 아폴로도로스[38]와 형제간인 아이안토도로스도 와 있습니다. 그 밖에도 여러 사람의 이름을 여러분에게 댈 수 있습니다. 멜레토스는 연설할 때 이들 가운데 일부를 증인으로 내세워야 했을 것입니다. 만약 그때 그가 잊었다면, 지금이라도 증인을 내세우게 하십시오. 내가 서 있는 이 연단을 그에게 양보하겠습니다. 그에게 그런 종류의 할 말이 있다면 말하게 하십시오. 하지만 여러분, 그와는 정반대로 여러분은 이분들이 모두 나를, 멜레토스와 아뉘토스의 주장에 따르면 자신들의 친족을 타락시키고 해코지한 나를 도울 각오가 되어 있음을 발견할 것입니다. 타락한 당사자들이 나를 도우러 온 것은 나름대로 이해되지만, 이제는 연로하고 타락하지 않은 그들의 친족들이 나를 도우러 온 데에는, 그들이 멜레토스는 거짓말을 하고 나는 참말을 한다는 것을 안다는 정당하고도 당연한 이유 말고 다른 무슨 이유가 있겠습니까?

좋습니다, 배심원 여러분! 내가 나를 위해 변론할 수 있는 것은 대충 이런 것들이며, 좀 더 변론하더라도 비슷한 말일 겁니다. 아마 여러분 가운데 어떤 이는 자기 경우를 떠올리면서 자기는 이보다 작은 죄로 재판받으면서도 눈물을 비 오듯 흘리며 배심원들에게 애걸복걸하고 최대한 동정을 사기 위해 어린 자식들은 물론이요 수많은 친족과 친구를 법정에 데리고 나왔는데, 나는 극도의 위기에 처한 것 같은데도 그런 짓을 전혀 하지 않는다고 못마땅해할 수도 있겠지요. 아마 여러분 가운데 어떤 분은 그런 생각 때문에 내게 더 가혹해지고, 그런 생각에 울분이 치밀어 홧김에 내게 불리하게 투표할 수도 있겠지요. 여러분 가운데 어떤 분이 그런 심정이라면—그러지 않으리라고 나는 생각하지만, 만약 그런 분이 있다면—그분에게는 다음과 같이 말씀드리는 것이 적절할 것 같습니다. "이봐요, 내게도 친족이 몇 명 있습니다. 호메로스의 시구를 인용하자면, 나는 '참나무나 바위'[39]가 아니라 인간들 사이에서 태어났으니 친족도

---

36 소크라테스에게 불리한 증언을 하지 말아달라고 부탁하지 못하게 됐다는 뜻이다.

37 플라톤의 맏형 아데이만토스(Adeimantos)와 작은형 글라우콘(Glaukon)은 플라톤의 『국가』(Politeia)에 주요 대화자로 나온다.

38 아폴로도로스(Apollodoros)에 관해서는 플라톤, 『향연』 참조.

있고, 아테나이인 여러분, 아들도 셋이나 있습니다. 그중 하나
는 청년이고, 둘은 어린아이입니다. 하지만 나는 내 자식 중 어
느 누구도 이곳으로 데려와 내가 무죄방면되도록 투표해달라
고 여러분에게 애원하게 하지 않을 것입니다." 내가 왜 그런 짓
을 하지 않을까요? 아테나이인 여러분, 고집을 부려서도 아니

e   고 여러분을 무시해서도 아닙니다. 내가 죽음에 직면해서 용감
한지 아닌지는 별개의 문제입니다. 사실은 나와 여러분과 도시
전체의 명성을 고려할 때, 이 나이에 이런 명성을 누리면서 그
런 짓을 한다는 것은 아름답지 못하다고 생각하기 때문입니다.
그 명성이라는 것이 참된 것이건 거짓된 것이건, 아무튼 소크

35a 라테스는 어떤 점에서 대부분의 사람과 다르다고 정평이 나 있
습니다. 따라서 여러분 가운데 지혜나 용기나 그 밖의 다른 미
덕에서 탁월하다고 여겨지는 사람들이 그런 짓을 하려 한다면
그것은 수치스러운 일일 것입니다. 그러나 나는 그런 부류의 사
람들이 재판을 받으면, 명성이 자자한데도 깜짝 놀랄 짓을 하
는 모습을 종종 보았습니다. 이는 분명 자기가 죽으면 끔찍한
일이 일어날 것이라고 믿기 때문입니다. 마치 여러분이 죽이지
만 않으면 자기가 불사(不死)의 존재라도 될 것처럼 말입니다.
아마도 그런 사람들은 우리 도시에 치욕을 안겨줄 것입니다. 그
러면 이 도시를 찾는 방문객은 미덕에서 탁월하다는 아테나이

b   인들이, 그러니까 아테나이인들이 자신들 중에서 선출하여 관

직에 있히고 명예를 부여하는 사람들이 아낙네들보다 나을 게 없다고 생각할 것입니다. 아테나이인 여러분, 여러분 가운데 조금이라도 명망 있는 이는 그 자신도 그런 짓을 해서는 안 되겠지만, 우리가 그런 짓을 할 경우에도 용인해서는 안 됩니다. 여러분은 차분하게 처신하는 사람보다는 오히려 동정을 사려고 그런 연극을 해서 도시를 웃음거리로 만드는 자에게 더 유죄 판결을 내리는 경향이 있음을 분명히 해야 합니다.

그러나 여러분, 명성은 둘째치고, 배심원에게 애원하는 것도, 애원하여 무죄방면되는 것도 옳지 못한 일입니다. 오히려 배심원을 타이르고 설득해야 한다고 나는 생각합니다. 배심원이 이곳에 앉아 있는 것은 정의를 내세워 선심을 쓰기 위해서가 아니라, 어느 것이 옳은지 재판하기 위해서입니다. 그리고 배심원은 마음에 드는 사람이라고 해서 아무에게나 선심을 쓰지 않으며, 법에 따라 재판하겠다고 서약했습니다. 따라서 우리도 여러분이 서약을 어기는 데 익숙하도록 해서는 안 되고, 여러분도 서약을 어기는 데 익숙해져서는 안 됩니다. 양쪽 다 불경한 짓을 저지르는 것입니다. 그러니 아테나이인 여러분, 여러분은 내가 아름답다고도, 옳다고도, 경건하다고도 생각하지 않는 방법으로 여러분을 대하라고 요구하지 마십시오. 그러

39   『오뒷세이아』(*Odysseia*) 19권 163행, 『일리아스』 22권 126행 참조.

잖아도 저기 저 멜레토스가 나를 불경죄로 고소한 마당에 말입니다. 왜냐하면 내가 설득하고 애원하여 여러분이 서약을 어기도록 강요한다면, 그것은 분명 내가 신들을 믿지 말라고 여러분에게 가르치는 것이며, 내 변론은 되레 내가 스스로 신들을 믿지 않는다고 나 자신을 고발하는 결과가 되기 때문입니다. 하지만 그것은 사실과 거리가 멉니다. 아테나이인 여러분, 나는 내 고발인 중 어느 누구 못지않게 신들을 믿습니다. 그래서 이 사건을 여러분과 신에게 맡기니, 나에게도 여러분에게도 최선의 결과가 될 수 있도록 판결을 내려주십시오.

아테나이인 여러분, 여러분이 내게 유죄 투표를 던진 이번 판결에 내가 못마땅해하지 않는 데에는 다른 이유도 많지만, 주된 이유는 이번 결과가 예상치 못한 것이 아니라는 점입니다. 오히려 양쪽 득표수에 놀랐습니다. 나는 표차가 크게 났으면 났지 그렇게 근소할 줄은 몰랐습니다. 보아하니, 30표만 방향을 바꾸었으면 나는 무죄방면되었을 것 같기도 합니다.[40] 지금도 나는 멜레토스에게서는 무죄방면된 것 같습니다. 무죄방면되었을 뿐 아니라, 만약 아뉘토스와 뤼콘이 그와 합세하여 고발하지 않았다면 누가 보더라도 투표수의 5분의 1을 획득하지 못한 멜레토스가 1천 드라크메의 벌금까지 물어야 했다는 것이 명백해졌습니다.[41]

어쨌거나 저 사람은 나를 사형에 처할 것을 제의합니다. 좋습니다. 나는 그 대신 어떤 형벌을 제의할까요,[42] 아테나이인 여러분! 물론 내가 받아 마땅한 형벌이어야겠지요? 그런데 그게 무엇일까요? 내 행적에 대해 나는 어떤 형벌을 받거나 얼마의 벌금을 물어야 마땅한가요? 나는 결코 조용하고 평범한 삶을 살지 않았습니다. 대부분의 사람은 돈벌이를 하거나 가정을 꾸리거나, 군인으로서 또는 대중 연설가로서 또는 그 밖의 다른 공직자로서 출세하는 일이나 정치 결사, 이 도시에서 벌어지는 당파싸움에 관심이 있지만 나는 그런 일에는 관심이 없었습니다. 그런 일에 끼어들고서도 살아남기에는 사실 나 자신이 너무 정직하다고 생각했습니다. 그래서 나는 여러분에게도

40 만약 배심원 수가 소문대로 5백 명이었다면 득표수는 280 대 220이었을 것이다. 당시에는 표수가 똑같이 나오면 피고인이 무죄방면되었기 때문이다.

41 당시 아테나이에서는 함부로 고발하는 것을 막기 위해 총 투표수의 5분의 1을 얻지 못하면 1천 드라크메의 벌금을 물어야 했다. 이번 고발사건에서는 고발인 3명이 얻은 표수가 280표이니 1명이 얻은 표수는 93표 남짓하다. 따라서 멜레토스 혼자였다면 총 투표수의 5분의 1인 100표를 얻지 못해 1천 드라크메의 벌금을 물었을 것이라는 뜻이다.

42 당시 아테나이 법정에는 사건의 종류에 따라 처음부터 형량이 법으로 정해진 법정형이 있었고, 소크라테스가 고발당한 불경죄처럼 고발인이 제의하는 형량과 피고인이 제의하는 형량 가운데 하나를 배심원이 결정하는 경우도 있었다.

나 자신에게도 도움이 되지 못했을 일들에 끼어들지 않고, 대신 내가 최대의 봉사라고 여기는 것을 여러분 각자에게 개인적으로 찾아가서 해드리기로 작정했습니다. 말하자면 나는 자기 자신이 최대한 훌륭하고 지혜로워지도록 하는 일에 관심을 두기 전에 자신의 소유물에 관심을 두지 않도록, 도시 자체에 관심을 두기 전에 도시에 속한 것들에 관심을 두지 않도록, 그 밖의 다른 일에 대해서도 같은 방법으로 관심을 두도록 여러분을 일일이 설득하려 했습니다. 그런 내가 대체 어떤 형벌을 받아야 마땅할까요? 아테나이인 여러분, 진실로 내가 받아 마땅한 것을 제의해야 한다면, 그것은 어떤 좋은 것이어야 합니다. 그것도 나에게 합당한 좋은 것이어야 합니다. 여러분을 타이르기 위해 여가가 필요한 가난한 은인에게 무엇이 합당할까요? 아테나이인 여러분, 그런 사람에게는 시청사[43]에서 무료로 식사를 제공하는 것보다 더 합당한 일은 아무것도 없습니다. 올림피아 경기에 나가 말 한 필의 전차 경주나 두 필 또는 네 필의 전차 경주에서 우승한 사람보다 그런 사람이 그런 대접을 받는 것이 훨씬 더 마땅합니다. 우승자는 여러분이 행복하다고 여기도록 만들지만 나는 여러분 자신을 행복하게 만들며, 우승자는 먹을거리가 부족하지 않지만 나는 부족하기 때문입니다. 그래서 내가 내 공적에 합당하고 정당한 형량을 제의해야 한다면, 시청사에서 나에게 무료로 식사를 제공해주는 것을 제의합니다.

이런 말을 하는 내가 여러분에게는 앞서 동정과 호소에 관해 말했을 때와 마찬가지로 고집불통이라는 인상을 줄지도 모르겠습니다. 그러나 아테나이인 여러분, 사실은 다음과 같습니다. 나는 어느 누구에게도 고의적으로 불의한 짓을 저지른 적이 없다고 확신하지만 이를 여러분에게 납득시키지 못하고 있습니다. 우리가 대화한 시간이 짧았기 때문입니다. 이 나라에도 다른 나라들처럼 사형에 해당하는 사건은 단 하루 만에 끝내지 않고 여러 날 동안 재판한다는 법률이 있었다면, 나는 여러분을 납득시킬 수 있었을 것이라고 믿습니다. 그러나 지금과 같은 상황에서는 그토록 뿌리깊은 선입관을 단시간에 해소하기란 쉬운 일이 아닙니다. 하지만 나는 어느 누구에게도 죄를 지은 적이 없다고 확신하는 만큼, 내가 형벌을 받아 마땅하다고 주장하고 거기에 상응하는 형량을 제의함으로써 나 자신에게 부당한 짓을 하거나 나 자신을 고소할 생각은 추호도 없습니다. 무엇이 두려워서 내가 그런 짓을 합니까? 멜레토스가 제의한 형벌[44]이 두려워서? 앞서 말했듯이, 나는 그것[45]이 좋은 것인지

---

43 프뤼타네이온(prytaneion). 난로와 불의 여신이며 가정생활과 행복을 관장한 헤스티아에게 바쳐진 건물로 아크로폴리스 북동쪽 비탈에 있었다고 한다. 이름과 달리 이 건물에서는 정무는 보지 않고, 올륌피아 제전 등 범(凡)그리스 경기대회에서 우승한 선수들, 도시의 저명인사 가족들, 외국 사절들에게 무료로 식사를 제공했다.

나쁜 것인지 모릅니다. 그 대신 내가 나쁜 것으로 잘 알고 있는 것 가운데 하나를 골라 형벌로 제의할까요? 금고형을 제의할까요? 하지만 내가 왜 감옥살이를 해야 합니까? 매년 임명되는 11명의 옥사쟁이[46]들에게 종노릇을 하면서. 벌금형을 제의해서 벌금을 다 물 때까지 감옥살이를 할까요? 내 경우에는 벌금형은 앞서 말한 금고형과 마찬가집니다. 나는 벌금을 물 돈이 없으니까요. 아니면 추방형을 제의할까요? 아마도 그런 제의라면 여러분이 받아들일 것 같으니 말입니다.

그러면 나는 분명 목숨에 필사적으로 집착하는 사람이 되겠지요, 아테나이인 여러분! 하지만 나는 동포인 여러분이 내가 대화로 소일하는 것을 참다못해 부담스러워하고 싫어한다는 것을 모를 만큼 어리석지는 않습니다. 이제 여러분은 거기에서 벗어나려고 하는데, 다른 나라 사람들은 쉽게 견뎌낼까요? 어림없습니다, 아테나이인 여러분! 내가 이 나이에 이 나라에서 추방되어 이 도시에서 저 도시로 옮겨다니다가 매번 추방당하며 여생을 보낸다면 참 멋진 생활이겠군요! 내가 어디로 가든 젊은이들이 여기에서처럼 내 대화를 들으리라는 것을 나는 잘 알고 있습니다. 그리고 내가 젊은이들을 쫓아버리면 젊은이들은 어른들을 설득해 나를 내쫓을 것이고, 내가 쫓아버리지 않으면 젊은이들의 아버지와 친족들이 나서서 젊은이들을 위해 나를 내쫓겠지요.

그렇지만 아마 누군가 말할 겁니다. "소크라테스여, 당신은 우리 곁을 떠나 침묵을 지키며 조용히 살아갈 수 있지 않나요?" 이것은 여러분 가운데 몇몇 분에게는 납득시키기가 가장 어렵습니다. 내가 그것은 신에 대한 불복종이며, 그래서 내가 조용히 살아갈 수 없다고 말한다면, 여러분은 내가 핑계를 대는 줄 알고 내 말을 믿지 않을 것입니다. 또한 내가 미덕과 그 밖에 대화를 통해 나 자신과 다른 사람들에게 캐묻곤 하던, 여러분이 들었던 그런 주제들에 관해 날마다 대화하는 것이야말로 인간에게 최고선이며, 캐묻지 않는 삶은 인간에게 살 가치가 없다고 말한다면, 여러분은 내 말을 더더욱 믿지 않을 것입니다. 여러분, 사실 이것들은 내가 주장하는 그대로이지만, 여러분을 납득시키기가 쉽지 않군요. 그 밖에 나는 또 내가 벌받아 마땅하다고 생각하는 데 익숙하지 않습니다. 나에게 돈이 있다면, 내가 물 수 있을 만한 벌금형을 제의했을 것입니다. 그것은 내게 조금도 해롭지 않을 테니까요.[47] 그러나 지금 내게는

38a

b

---

44 사형.

45 죽음.

46 아테나이 10개 부족 각각에서 선발된 10명과 서기 1명이 추가되어 구성된 '11인 위원회'를 말한다.

47 소크라테스에게는 사람을 더 나쁘게 만드는 것만이 사람에게 해로운 것이다. 30c~d 참조.

돈이 없습니다. 여러분이 내가 물 수 있을 만큼 벌금을 매기지 않는다면 말입니다. 나는 은화 1므나[48]쯤은 물 수 있을 것 같습니다. 그래서 나는 그 금액의 벌금형을 제의합니다.

그러나 아테나이인 여러분, 여기 있는 플라톤, 크리톤, 크리토불로스, 아폴로도로스가 나더러 자기들이 보증을 설 테니 30므나의 벌금형을 제의하라는군요. 나는 그 금액에 동의하며, 이들이 여러분에게 그 금액에 대한 든든한 보증인이 되어줄 것입니다.

(배심원의 표결에 따라 소크라테스에게 사형이 확정되고 나서)

오오, 아테나이인 여러분! 여러분은 시간을 조금 벌려다가 우리 도시를 헐뜯으려는 자들한테서 현자 소크라테스를 죽였다는 악명과 비난을 듣게 될 것입니다. 나는 현자가 아니지만 여러분을 중상하고 싶어하는 자라면 나를 현자라 말하겠지요. 조금만 기다렸더라면 여러분이 원하던 일이 저절로 일어났을 것입니다. 여러분도 보다시피, 나는 이미 연로해서 살날이 얼마 남지 않았습니다. 여러분 모두에게가 아니라, 나를 사형에 처하라고 투표한 사람들에게 하는 말입니다. 그 밖에도 나는 그 사람들에게 할 말이 있습니다. 여러분! 내가 무죄방면되기 위해 무슨 짓이라도 하고 무슨 말이라도 해도 된다고 생각했다면, 여러분은 아마 내가 여러분을 설득할 만한 말이 부족해서 유죄 판결을 받았다고 생각하겠지요. 그러나 그것은 전혀 사실이 아닙니다. 내가 유죄 판결을 받은 것은 말이 부족해서가 아니라 배짱이 두둑하지 못하고 뻔뻔스럽지 못했기 때문이며, 여러분이 나에게서 가장 듣고 싶었을 말투로 여러분에게 화답하기를 거절했기 때문입니다. 말하자면 내가 울며불며 앞서 말했듯이 나에게는 어울리지 않지만 여러분이 사람들한테 익숙하게 들어온 온갖 말과 행동을 했다면, 여러분은 좋아했겠지요. 나는 변론할 때도 내가 위험에 처했다고 자유민답지 못한 짓을 해서는 안 된다고 생각했지만, 지금도 그렇게 변론한 것을 후회하지 않습니다. 다른 방법으로 변론하여 사느니 이렇게 변론하다가 죽는 편이 나에게는 훨씬 낫기 때문입니다. 법정에서건 전쟁터에서건, 나도 그렇지만 다른 누구라도 어떻게든 죽지 않으려고 잔재주를 부려서는 안 되기 때문입니다. 실제로 싸움터에서는 스스로 전투 장비를 내던지고 추격자에게 살려달라고 애원하여 죽음을 면하는 경우가 분명 종종 있지요. 그리고 어떤 위험에 처하더라도 무슨 짓거리든 무슨 말이든 할 각오가 되어 있다면, 죽음을 피할 방도는 그 밖에도 많습니다. 여러분, 죽음을 피하는 것이 어려운 게 아니라, 비열함을 피하는 것이 훨씬

c

39a

48   주 11 참조.

더 어렵습니다. 죽음보다 비열함이 더 발이 빠르기 때문입니다. 지금 나는 느리고 연로해서 둘 중 더 느린 죽음에 따라잡혔지만, 내 고발인들은 영리하고 민첩해서 둘 중 더 빠른 것, 즉 비열함에 따라잡혔습니다. 그래서 지금 나는 여러분에게 사형선고를 받고 법정을 떠나지만, 내 고발인들은 진리에 의해 사악하고 불의한 자라는 판결을 받고 떠날 것입니다. 또한 내가 내 판결을 받아들이듯이, 그들은 자신들의 판결을 받아들여야 합니다. 아마 이번 일은 이렇게 되도록 정해져 있었나 봅니다. 나는 이렇게 된 것이 잘된 일이라고 생각합니다.

이번에는 여러분에게 예언하고자 합니다, 나에게 유죄 판결을 내린 이들이여! 죽음을 눈앞에 둔 바로 지금, 이때야말로 사람들이 예언을 가장 잘하는 시점이기도 하니까요. 나에게 사형 판결을 내린 이들이여! 내 이르노니, 제우스에 맹세코, 내가 죽자마자 여러분은 나를 죽게 한 처벌보다 훨씬 더 가혹한 처벌을 받을 것입니다. 여러분이 나에게 이런 짓을 한 것은, 여러분이 나를 죽이면 여러분의 생활방식이 비판의 대상이 되는 것을 피할 수 있으리라고 믿었기 때문입니다. 그러나 내 이르노니, 결과는 그와 정반대일 것입니다. 더 많은 사람이 여러분을 비판할 것입니다. 지금까지는 이들을 내가 말렸지만, 여러분은 그런 줄 몰랐을 겁니다. 그리고 이들은 더 젊기에 여러분에게 더 가혹할 것이며, 여러분은 더 분개할 것입니다. 혹시 여러분이 사람들을 사형에 처함으로써 누가 여러분의 생활방식이 나쁘다고 비난하는 것을 막을 수 있다고 생각한다면, 그것은 오산입니다. 그런 식으로 비판에서 벗어나는 것은 가능하지도 아름답지도 않으며, 가장 아름답고 가장 쉬운 방법은 남들의 입을 다물게 하는 것이 아니라 최대한 훌륭한 사람이 되려고 스스로 노력하는 것입니다. 이것이 내가 법정을 떠나기 전에 내게 유죄 판결을 내린 이들에게 해주는 예언입니다.

그러나 내가 무죄방면되는 데 투표한 분들과는 이번 사건의 결과에 대해 기꺼이 토론하고 싶습니다. 법정의 관리들이 일 처리에 바빠 내가 가서 죽음을 맞을 곳으로 아직 이송하지 못하고 있는 동안에라도 말입니다. 여러분, 그 짧은 시간이나마 이곳에 머물러주십시오. 법이 허용하는 한 우리가 대화하는 것을 방해할 것은 아무것도 없기 때문입니다. 여러분은 내 친구들이니 여러분에게 이번에 나한테 일어난 사건의 의미를 설명해주고 싶습니다. 배심원 여러분—여러분이야말로 배심원이라 불려 마땅하니까요—나는 놀라운 경험을 했습니다. 나와 친숙해진 예언의 목소리가 전에는 언제나 나와 함께하며, 내가 잘못된 길로 들어서려 하면 아주 사소한 일이라도 반대하곤 했습니다. 그런데 여러분도 보다시피 이번에 나에게는 최악의 재앙으로 여겨질 수 있고 대부분의 사람이 그렇게 여기는 일이 벌어졌습니다. 하지만 오늘 이른 새벽에 내가 집을 나설 때도, 법정에 섰을 때도, 내가 변론을 하며 무슨 말을 하려고 할 때도 신께서 보내신 신호는 내게 반대하지 않았습니다. 다른 토론에서는 내가 발언하는 도중에 제지한 적이 한두 번이 아니었는데 말입니다. 그러나 이번 경우에는 내가 무슨 짓을 하건 무슨 말을 하건 그 신호가 반대한 적이 한 번도 없었습니다. 그 이유가 무엇이라고 생각하느냐고요? 내가 여러분에게 말씀드리지요. 아마도 내게 일어난 것이 좋은 일인 듯합니다. 우리가 죽음을 나쁜 것으로 생각한다면 그것은 잘못된 생각인 것 같습니다. 내게는 이를 입증할 유력한 증거가 있습니다. 내가 나에게 이로운 행동을 하려고 하지 않았다면, 나와 친숙해진 그 신호가 반대하지 않았을 리 만무하니까요.

우리는 생각을 바꿔 죽음이 나름대로 좋은 것이기를 바랄 수 있는 상당한 이유가 있다는 점을 알아야 합니다. 죽음은 둘 중 하나입니다. 죽음은 일종의 소멸이어서 죽은 자는 아무것도 지각하지 못하거나, 아니면 사람들이 말하듯 죽음은 일종의 변화이고 혼이 이승에서 저승으로 이주하는 것입니다. 그리고 만약 죽으면 아무 지각도 없어 죽음이 꿈 없는 잠과 같은 것이라면, 죽음은 놀라운 이득임이 틀림없습니다. 생각건대 만약 어떤 사람이 꿈도 꾸지 않을 만큼 깊은 잠을 잔 밤을 골라, 지금까지 살아온 다른 밤과 낮과 비교해보고 나서 지금까지 살아오며 그런 밤보다 더 훌륭하고 더 즐겁게 보낸 낮과 밤이 과연 얼마나 되는지 충분히 숙고해본 뒤에 말해야 한다면, 보통 사람은 말할 것도 없고 아마 페르시아 대왕이라도 그런 낮과 밤이 나머지 낮과 밤보다 쉽게 헤아릴 수 있을 정도라는 것을 그는 알게 될 것입니다. 죽음이 그런 것이라면, 나는 죽음이 이득이라고 말하겠습니다. 그럴 경우 영원조차 단 하룻밤보다 더 길어 보이지 않을 테니까요. 또한 죽음이 이승에서 저승으로의 이주와 같은 것이라면, 그리고 사람들 말처럼 죽은 사람은 모두 그곳에 있는 것이 사실이라면, 배심원 여러분, 이보다 더 큰 축복이 어디 있겠습니까? 만약 누가 이곳의 자칭 재판관들에게서 벗어나 저승에 가서 그곳에서 심판한다는 미노스, 라다만뤼스, 아이아코스,[49] 트리프톨레모스[50] 같은 진정한 판관들과 이승에서 올바르게 살았던 다른 반신(半神)[51]을 모두 만날 수 있다면, 그것이 실망스러운 이주일까요? 또한 여러분 가운데 누가 오

---

49 크레테(Krete) 왕 미노스(Minos)와 그의 아우 라다만뤼스(Rhadamanthys), 아이기나(Aigina) 섬의 왕 아이아코스(Aiakos)는 이승에서 올바르게 살았기 때문에 저승에 가서 혼들의 심판관이 되었다고 한다.

50 트리프톨레모스(Triptolemos)는 엘레우시스(Eleusis)의 왕자로 농업과 곡물의 여신 데메테르(Demeter)에게서 농사 기술을 배워 인간에게 전수했다고 한다. 아테나이인들은 크레테와 사이가 나빠지자, 앞서 언급한 3명의 재판관 가운데 미노스를 트리프톨레모스로 대신했다고 한다.

51 신과 인간 사이에서 태어난 영웅.

르페우스, 무사이오스, 헤시오도스, 호메로스[52]와 함께할 수 있다면 그 대가로 얼마를 내겠습니까? 이런 이야기가 사실이라

b 면, 나는 몇 번이고 죽고 싶습니다. 내가 팔라메데스나 텔라몬의 아들 아이아스[53]나 부당한 판결로 죽은 그 밖의 옛 영웅들을 만나 내 경험을 그들 경험과 비교할 수 있다면, 그곳에서 지내는 것이 나에게는 굉장한 일일 테니까요. 그것은 아마 무척 재미있겠지요. 그러나 내게 가장 중요한 것은 그들 가운데 누가 진실로 지혜로우며, 누가 지혜롭지도 않으면서 자신이 지혜롭다고 생각하는지 가려내기 위해 이곳에서 그랬듯이 그곳 사람들에게 캐묻고 그들을 떠보며 시간을 보내는 것이겠지요. 배심원 여

c 러분, 트로이아로 대군을 이끌고 간 그 사람[54]이나 오뒷세우스나 시쉬포스[55]나 그 밖에도 이름을 댈 만한 수많은 남자와 여자에게 캐물을 수 있는 사람이 있다면, 그 대가로 얼마인들 내지 못하겠습니까? 그곳 사람들과 대화하고 함께하며 그들에게 캐묻는 것은 이루 말할 수 없는 행복일 테니까요. 아무튼 그곳 사람들은 그렇게 했다고 해서 사람을 죽이지 않을 겁니다. 그곳 사람들은 다른 점에서도 이곳 사람들보다 더 행복하지만 앞으로 영원히 죽지 않을 테니까요. 사람들이 하는 말이 사실이라면 말입니다.

　　배심원 여러분, 여러분도 자신감을 갖고 죽음을 맞아야 하

d 며, 착한 사람에게는 살아서나 죽어서나 어떤 나쁜 일도 일어

날 수 없으며, 신들께서는 착한 사람의 일에 무관심하시지 않다는 이 한 가지 진리만은 반드시 명심해야 합니다. 지금 나에게 일어난 일도 우연히 일어난 것이 아닙니다. 오히려 나는 이제는 죽어서 노고에서 벗어나는 게 더 좋겠다고 확신하게 되었습니다. 그래서 신께서 보내신 신호가 나를 어디에서도 말리지 않은 것이며, 나도 내게 유죄 판결을 내린 이들과 나를 고소한

---

52 오르페우스(Orpheus)와 무사이오스(Mousaios)는 그리스의 전설적 가인(歌人)이다. 헤시오도스(Hesiodos)와 호메로스(Homeros)는 각각 기원전 700년경과 730년경에 활동한 그리스 서사시인으로, 헤시오도스의 작품으로는 『신들의 계보』『일과 날』등이, 호메로스의 작품으로는 『일리아스』『오뒷세이아』가 남아 있다.

53 팔라메데스(Palamedes)는 트로이아전쟁 때 그리스군 지장으로, 오뒷세우스가 원정에 참가하지 않으려고 미친 척했을 때 이를 적발한 까닭에 오뒷세우스의 미움을 사 훗날 트로이아에 갔을 때 적과 내통했다는 누명을 쓰고 살해된다. 텔라몬(Telamon)의 아들 아이아스(Aias)는 아킬레우스에 버금가는 그리스군 용장으로, 훗날 아킬레우스가 죽은 뒤 그의 무구를 둘러싸고 경합이 벌어졌을 때 그리스군 장수들이 오뒷세우스에게 표를 몰아주자 분을 못 이겨 자살한다.

54 아가멤논(Agamemnon).

55 오뒷세우스(Odysseus)는 목마로 트로이아를 함락한 그리스군 지장이다. 시쉬포스(Sisyphos)는 코린토스 왕으로 목적을 위해서는 수단과 방법을 가리지 않는 가장 교활한 인물이었다. 교활한 꾀를 써서 신들을 속이기까지 한 죄로 그는 저승에서, 산꼭대기에 이르는 순간 저절로 굴러떨어지는 돌덩이를 다시 산꼭대기로 계속 굴려 올리는 벌을 받는다.

사람들에게 전혀 화를 내지 않는 것입니다. 물론 그들이 나를 노고에서 벗어나게 하려는 의도가 아니라 나를 해코지하려는 의도로 내게 유죄 판결을 내리고 나를 고발하긴 했지만 말입니다. 그 점에서 그들은 비난받아 마땅합니다. 그러나 나는 그들에게 한 가지 부탁이 있습니다. 여러분, 내 아들들이 장성했을 때 미덕보다 돈이나 그 밖의 다른 것에 관심이 더 많다 싶으면, 내가 여러분에게 안겨준 것과 똑같은 고통을 그 아이들에게 안겨줌으로써 복수하십시오. 그리고 그 아이들이 아무것도 아니면서 젠체하면, 내가 여러분을 나무랐듯이, 그 아이들이 해야 할 일은 소홀히 하며 아무짝에도 쓸모없는데도 자신들이 쓸모 있다고 생각한다고 나무라주십시오. 여러분이 그렇게 해주신다면, 나도 내 아들들도 여러분에게 정당한 대접을 받는 셈이 될 것입니다. 하지만 이제 떠날 시간이 되었습니다. 나는 죽으러 가고, 여러분은 살러 갈 것입니다. 그러나 우리 중에서 어느 쪽이 더 나은 운명을 향해 가는지는 신 말고는 아무도 모릅니다.

크리톤

소크라테스 자네 어인 일로 이 시각에 왔는가, 크리톤? 아직은 이르지 않나?

크리톤 아주 이르긴 하네.

소크라테스 몇 시쯤 됐지?

크리톤 동트기 직전일세.

소크라테스 옥사쟁이가 어떻게 자네 부탁을 들어주려 했는지 놀랍구먼.

크리톤 소크라테스, 이곳을 자주 찾다보니 그는 벌써 나와 친해졌다네. 게다가 나는 그를 친절하게 대했고.

소크라테스 자네 방금 왔는가, 온 지 오랜가?

크리톤 한참 됐네.

소크라테스 그러면 왜 곧바로 나를 깨우지 않고 말없이 침대 옆 에 앉아 있었나?

크리톤 제우스에 맹세코, 어떻게 자네를 깨우겠나, 소크라테스! 나도 이런 고통을 당했다면 깨어 있고 싶지 않았을 게야. 나는 자네가 달게 잠자는 모습을 보고 감탄하고 있었네. 그래서 자네가 되도록 편안하게 시간을 보내게 하느라 일부러 깨우지 않은 걸세. 사실 나는 지금까지 살아오면서 전에도 종종 자네의 기질 때문에 자네를 행복한 사람으로 여겨왔지만 자네가 당면한 불운을 힘들이지 않고 침착하게 참고 견디는 지금은 더더욱 그렇다고 생각한다네.

소크라테스 크리톤, 어차피 죽기로 되어 있다면 이 나이에 안절부절못하는 것은 모양새가 말이 아니지.

크리톤 하지만 소크라테스, 자네 또래의 다른 사람들이 비슷한 불운을 당하면, 그들의 나이가 당면한 불운에 안절부절못하는 것을 막아주지는 못할 걸세.

소크라테스 그건 그렇지. 한데 자네는 무슨 일로 이렇게 일찌감치 왔나?

크리톤 소크라테스, 슬픈 소식을 전하러 왔네. 자네에게는 아마 슬픈 소식이 아니겠지만, 자네의 친구 모두와 나에게는 견디기 힘든 슬픈 소식일세. 나에게는 가장 견디기 힘든 소식인 것 같네.

소크라테스 그게 무슨 소식인가? 배가 델로스[1] 섬에서 돌아왔다는 것인가? 돌아오면 내가 죽게 되는 그 배 말일세.

크리톤 아직은 도착하지 않았네. 하지만 수니온[2]에서 그 배에서 내린 뒤 여기에 도착한 몇 사람이 전하는 말에 따르면, 아마도 그 배는 오늘 여기에 도착할 것 같네. 그들이 전하는 말에 따르면, 그 배는 오늘 여기에 도착할 것이 분명하고 자네는 내일 생을 마감해야 할 것이야, 소크라테스!

소크라테스 크리톤, 행운이 우리와 함께하기를! 그렇게 되는 것이 신들의 마음에 드신다면, 그렇게 되기를! 하지만 내 생각에, 그 배는 오늘은 여기에 도착하지 않을 것 같으이.

크리톤 어째서 그렇게 생각하나?

소크라테스 내 말해주지. 나는 배가 도착한 다음날 죽게 되어 있다네.

크리톤 당국자들은 그렇게 말하고 있지.

소크라테스 그러면 내 생각에, 그 배는 지금 밝아오는 이날이 아니라 그 다음날 여기에 도착할 것 같네. 내가 그렇게 생각하는 이유는 내가 간밤에, 아니, 잠시 전에 꿈을 꾸었기 때문일세. 그때 자네가 나를 깨우지 않기를 잘했네그려.

크리톤 그게 어떤 꿈이었지?

소크라테스 곱게 잘생긴 여인이 소복 차림으로 내게 다가오더니만 나를 부르며 다음과 같이 말하는 꿈을 꾸었다네. "오오,

---

1 델로스(Delos)는 에게 해 서남부에 있는 퀴클라데스(Kyklades) 군도의 중앙에 위치한 섬으로 아폴론이 태어난 곳이다.

2 수니온(Sounion)은 앗티케(Attike) 지방 남단에 있는 곳으로 아테나이에서 60킬로미터쯤 떨어져 있다.

소크라테스!

그대는 셋째 날 비옥한 프티아에 닿게 될 것이오."[3]

크리톤 참 이상한 꿈이구먼, 소크라테스!

소크라테스 그런데 나에게는 무척이나 또렷했다네, 크리톤!

크리톤 그래, 아주 또렷했겠지. 그런데 여보게 소크라테스, 지금이라도 내 말대로 목숨을 구하도록 하게! 자네가 죽으면 내가 당할 불행이 한두 가지가 아닐세. 두 번 다시는 구하지 못할 친구를 잃을 뿐 아니라, 자네와 나를 잘 모르는 사람들은 대부분 내가 돈을 썼더라면 자네를 구할 수 있었을 텐데 그러지 않았다고 생각할 테니 말일세. 친구보다 돈을 더 귀히 여긴다는 평판보다 더 수치스러운 일이 어디 있겠나? 대부분의 사람은 우리가 권했는데도 자네 자신이 이곳을 떠나려 하지 않았다고는 믿지 않을 걸세.

소크라테스 그렇지만 여보게 크리톤, 우리가 왜 대중의 의견에 그토록 신경을 써야 하나? 우리가 더 염두에 두어야 할 지각 있는 사람들은 대부분 실제로 일어난 그대로를 믿을 게야.

크리톤 하지만 소크라테스, 자네도 보다시피 우리는 대중의 의견에도 신경을 쓰지 않을 수 없네. 누가 대중에게 모함당하면 대중이 그에게 최소의 해악이 아니라 어쩌면 최대의 해악을 끼칠 수 있다는 것을 지금 자네가 당하고 있는 고통이 보여주지 않는가!

소크라테스 크리톤, 나는 대중이 최대의 해악을 끼칠 수 있어서 그들이 최대의 선(善)도 행할 수 있으면 좋겠네. 그랬으면 좋으련만. 하지만 그들은 실은 어느 쪽도 할 수 없어. 그들은 사람을 지혜롭게도 어리석게도 만들 수 없고, 그때그때 되는대로 할 뿐일세.

크리톤 그럴지도 모르지. 하지만 다음에 대해서는 말해주게, 소크라테스! 자네가 이곳에서 탈출하면, 나와 자네의 다른 친구들이 자네를 빼돌렸다고 해서 밀고자들에게 괴롭힘을 당할 것이라고 예상하는가? 그래서 우리가 전 재산을 몰수당하거나 거액의 벌금을 물고, 그 밖에도 다른 벌을 받을 것이라고 염려하는가? 만약 그 점이 염려된다면, 염려 말게. 우리는 자네를 구하느라 그런 위험을, 아니 필요하다면 그보다 더한 위험이라도 감수하는 게 옳은 일이니까. 자, 내 조언을 받아들여 꼭 내가 시키는 대로 하게!

소크라테스 크리톤, 그 점도 염려스럽지만, 염려되는 게 한두 가

---

3   『일리아스』 9권 363행 참조. 프티아(Phthia)는 남부 텟살리아(Thessalia) 지 방의 한 지역으로, 트로이아전쟁 때 그리스군의 으뜸가는 장수 아킬레우스의 고향이다.

지가 아닐세.

크리톤 그런 염려라면 하지 말게. 자네를 구출해 이곳에서 데리고 나가겠다는 사람들에게는 큰돈을 주지 않아도 되니까. 게다가 자네도 알다시피, 밀고자들은 값이 싸서 그들과 거래하는 데 큰돈이 들지 않는다네. 자네를 위해 나는 돈을 댈 테고, 내 돈이면 아마 충분할 걸세. 하지만 만약 자네가 나를 염려하여 내 돈을 써서는 안 된다고 생각한다면, 이곳을 방문한 외지인 중에 돈을 대겠다는 자들이 몇 명 있네. 그중 한 명은 실제로 이 목적에 쓰려고 돈을 충분히 가져왔다네. 테바이 사람 심미아스 말일세. 케베스와 그 밖의 꽤 많은 사람도 돈을 내놓을 준비가 되어 있다네. 그러니 청컨대, 그런 염려 때문에 자네 자신을 구하기를 망설이지 말게나. 또한 아테나이에서 추방되면 어떻게 처신해야 할지 모르겠다고 한 자네의 법정 진술에도 신경 쓰지 말게. 자네가 어디로 가든 곳곳에서 사람들이 자네를 반길 테니 말일세. 만약 자네가 텟살리아로 가기를 원한다면, 그곳에 있는 내 친구들은 자네를 높이 평가하여 자네에게 안전한 피난처를 제공해줄 것이네. 텟살리아에 사는 어느 누구도 자네를 해코지하지 못하도록 말일세.

또한 소크라테스, 자네는 목숨을 구할 수 있는데도 자포자기하려고 하는데, 나는 자네의 그런 행위가 옳다고 생각지 않네. 자네는 자네 적들이 자네에게 안겨줄 법한, 아니 자네 적들이 자네를 파멸시키고 싶어서 서둘러 자네에게 안겨주었던 운명을 자네 자신에게 안겨주려고 서둘고 있네. 게다가 내가 보기에, 자네가 하는 짓은 자네 아들들을 버리는 행위인 것 같아. 자네 아들들을 양육하고 교육시킬 능력이 있는데도 자네가 그 애들을 남겨두고 그 애들 곁을 떠나니 말일세. 그러니까 자네는 그 애들이 어떤 운명을 당하든 내 알 바 아니라는 것이겠지. 하지만 그 애들은 십중팔구 부모 잃은 고아들이 당하곤 하는 그런 운명을 당할 걸세. 애당초 자식을 낳지 말든지, 일단 낳았으면 양육하고 교육시키는 노고를 끝까지 져야 할 것 아닌가! 한데 내가 보기에, 자네는 가장 무책임한 길을 택하는 것 같네. 자네는 평생 미덕에 마음을 써왔다고 주장하는 만큼 훌륭하고 용감한 사람이 택할 법한 그런 길을 선택해야 하는데 말이야. 솔직히 말해 나는 자네를 위해서도 자네 친구들인 우리를 위해서도 부끄러워하네. 우리 쪽에서 비겁하게 처신한 탓에 자네와 관련된 이런 모든 일이 일어난 것으로 보이지 않을까 해서 말일세. 우선, 자네 사건이 꼭 그럴 필요가 없었는데도 법정으로 넘겨진 것이 그렇고, 재판이 진행된 과정 자체도 그렇고, 마지막으로 이와 같이 불합리한 결말이 난 것이 그렇다네. 이런 결말이 난 것은 우리 쪽에서 잘못하고 비겁해서 문제를 처리할 기회를 놓친 탓이라고 생각할 수 있을 테니 말일세. 우리가 조금이라도 쓸모 있었다면 우리는 자네를 구하고 자네는 자신을 구하는 것이 충분히 가능했는데도, 우리도 자네도 그러지 못했기에 하는 말이야. 알아두게, 소크라테스. 이것은 자네를 위해서나 우리를 위해서나 해악이자 치욕일세. 자, 계획을 세우게. 아니, 차라리 계획을 세우지 말게. 계획을 세울 시간은 이미 지났고, 단 한 가지 계획만 남았네. 다가오는 밤에 모든 일이 실행되어야 하니까. 우리가 더 머뭇거리면, 때는 이미 늦어 더 이상 그 계획을 실행할 수 없네. 그러니 소크라테스, 아무쪼록 내 조언을 받아들여 꼭 내가 시키는 대로 하게!

소크라테스 친애하는 크리톤, 나는 자네의 열의가 정당한 목적을 위한 것이라면 높이 평가하겠네. 하지만 그렇지 못하다면 자네의 열의는 뜨거울수록 더 곤란한 문제를 일으킬 것이야. 그래서 우리는 자네의 조언을 따라야 할지 말아야 할지 고찰해봐야 하네. 나는 지금만 그런 것이 아니라 언제나, 곰곰이 따져본 결과 가장 훌륭하다고 생각되는 원칙 말고는 내게 속한 그 어떤 것도 따르지 않는 그런 사람이기 때문일세. 나는 지금 내게 이런 운명이 주어졌다는 이유만으로 내가 전에 받아들였던 원칙들을 버릴 수는 없네. 내게는 그 원칙들이 전혀 달라지지 않고 이전과 똑같아 보이네. 그래서 나는 이전과 똑같은 원칙들을 높이 평가하고 존중하는 것일세. 그리고 우리가 지금 상황에서 더 나은 원칙들을 제시할 수 없다면, 잘 알아두게, 나는 결코 자네에게 동의하지 않을 것이네. 설령 대중의 위력이 우리가 어린아이들인 것처럼 지금보다 더 많은 도깨비로 겁주려 해도, 우리를 투옥하고 처형하고 재산을 몰수하겠다고 위협해도 말일세. 그렇다면 이 문제를 어떻게 고찰하는 것이 가장 합리적일까? 먼저 사람들의 의견에 관한 자네의 주장[4]으로 되돌아가, 어떤 의견들에는 유의하되 어떤 의견들에는 유의해서는 안 된다는 원칙은 언제나 옳은 것이었는가? 아니면 언제나 그른 것이었는가? 아니면 내가 죽어야 하기 전에는 옳은 말이었지만, 지금은 주장을 위한 주장에 지나지 않아 사실은 말장난과 허튼소리로 드러난 것인가? 크리톤, 나는 자네와 함께 고찰해보고 싶네. 내가 지금 이런 처지에 놓여 그 주장이 어떤 점에서 내게 달리 보이는지 아니면 똑같아 보이는지 그리고 우리가 그 원칙을 버려야 할지 아니면 따라야 할지 말일세. 생각건대 자신이 뭔가 이치에 맞는 말을 한다고 생각하는 사람들은, 내가 방금 말했듯이, 사람들의 의견 가운데 어떤 것들은 높이 평가하되 다른 것들은 그래서는 안 된다고 번번이 주장했던 것 같네. 크리톤, 자네에겐 이것이 옳은 말이라고 생각되지 않는가? 내가 자네에게 묻는 이유는, 인간이 예견할 수 있는 한 자네는 내일 죽지 않아도 되니, 내게 닥친 이런 재앙에 의해 오판하는 일이 없을 것 같아서일세. 그러니 곰곰이 생각해보게. 사람들의 모든 의견

---

4   44c~d, 45e 참조.

을 존중할 것이 아니라 어떤 의견들은 존중하되 다른 의견들은 존중하지 말아야 하며, 모든 사람의 의견을 존중할 것이 아니라 어떤 사람들의 의견들은 존중하되 다른 사람들의 의견들은 존중하지 말아야 한다는 주장은 옳다고 생각되지 않나? 자네는 어떻게 말할 건가? 그건 옳은 말 아닌가?

크리톤 옳은 말일세.

소크라테스 그렇다면 좋은 의견은 존중하되 나쁜 의견은 존중하지 말아야겠지?

크리톤 그야 그렇지.

소크라테스 좋은 의견이란 지혜로운 사람들의 의견이고 나쁜 의견이란 어리석은 사람들의 의견이 아닐까?

크리톤 왜 아니겠나?

b **소크라테스** 자, 그렇다면 다음과 같은 주장은 어떤가? 본격적으로 체력 단련을 하는 사람은 모든 사람의 칭찬이나 비난이나 의견에 신경 써야 하는가, 아니면 단 한 사람, 즉 의사나 체육 교사의 칭찬과 비난과 의견에 신경 써야 하는가?

크리톤 단 한 사람의 칭찬과 비난과 의견에 신경 써야겠지.

소크라테스 그러니까 그는 그 단 한 사람의 비난은 두려워하고 칭찬은 반기되, 대중의 비난과 칭찬은 두려워하거나 반겨서는 안 되겠지?

크리톤 그야 당연하지.

소크라테스 그렇다면 그는 전문 지식이 있는 체육 교사의 판단에 따라 행동하고 훈련하고 먹고 마시는 일을 조절해야 할 것이네. 그 밖의 모든 사람의 의견에 따라 그러기보다는 말이야.

크리톤 그야 그렇지.

소크라테스 좋네. 만약 그가 그 한 사람에게 불복하여 그 한 사람의 의견과 칭찬은 무시하고 아무 전문 지식도 없는 대중의 조언을 존중한다면 결국에는 탈이 나지 않을까?

크리톤 어찌 탈이 나지 않겠나?

소크라테스 그러면 그 탈이라는 게 어떤 것일까? 그리고 그것은 어디에, 말하자면 불복하는 사람의 어느 부분에 영향을 미치는 것일까?

크리톤 그의 몸에 영향을 미칠 것이 뻔해. 그것이 망치는 것은 그의 몸일 테니까.

소크라테스 옳은 말일세. 그러면 말해보게, 크리톤. 이것은 다른 것들에도 적용되는 것일까? 말하자면 다른 것들을 다 열거할 필요 없이 지금 우리가 논의하고 있는 주제들인 정의와 불의, 미와 추, 선과 악과 관련해서도 우리는 대중의 의견을 따르고 두려워해야 하는가, 아니면 한 사람의 의견을 따르고 두려워해야 하는가? 만약 그 방면에 전문 지식을 가진 사람이 있어 우리가 다른 사람들을 다 합친 것보다 마땅히 그를 더 존중하고 두려워해야 한다면 말일세. 그러니까 만약 우리가 그의 지도를 따르지 않는다면 정의로운 것에 의해 더 좋아지고 불의한 것에 의해 망가진다는 우리의 그 부분[5]을 망치고 손상시킬 것이네. 아니면 이게 다 허튼소리인가?

크리톤 자네 말이 옳다고 생각하네, 소크라테스!

소크라테스 그러면 자, 우리가 전문 지식이 없는 사람들의 의견을 따름으로써, 건강에 의해 더 좋아지지만 질병에 의해서는 망가지는 부분을 망가뜨린다면, 그 부분이 망가졌는데도 우리의 삶은 과연 살 만한 가치가 있을까? 그리고 그 부분이란 몸일 테지. 그렇지 않은가?

크리톤 그렇다네.

소크라테스 몸이 망가져 쓰지 못하게 되면 우리의 삶은 살 만한 가치가 있을까?

크리톤 전혀 없을 테지.

소크라테스 그렇다면 불의한 행위에 의해 탈이 나고 정의로운 행위에 의해 덕을 보는 그 부분이 망가졌다면 우리 삶은 살 만한 가치가 있을까? 아니면 우리는 그게 우리의 어떤 부분이건 정의와 불의에 관련된 부분이 몸보다 열등하다고 생각하는가?

크리톤 전혀 그렇지 않네.

소크라테스 그렇다면 더 소중한 것일까?

크리톤 훨씬 더 소중한 것이지.

소크라테스 그렇다면 여보게, 우리는 대중이 우리를 두고 뭐라고 하든 거기에 크게 신경 쓰지 말고, 정의와 불의의 전문가인 한 사람과 진리 자체가 말하는 것에 유념해야 할 것이네. 따라서 우선 정의와 미와 선과 그 반대되는 것들과 관련해서 우리가 대중의 의견에 유념해야 한다는 자네의 제의는 옳지 못한 것 같네. 누군가는 "하지만 대중은 우리를 사형에 처할 수 있어"라며 항의할 수 있겠지.

크리톤 그 또한 분명해. 그렇게 말할 수 있을 테니까, 소크라테스.

소크라테스 자네 말이 옳아. 하지만 여보게, 우리가 방금 검토해본 주장은 내가 보기에 여전히 타당한 듯하네. 그리고 가장 중요한 것은 사는 것이 아니라 잘 사는 것[6]이라는 주장도 여전히 타당한지 아닌지 고찰해주게.

크리톤 그 주장은 여전히 타당하네.

소크라테스 잘 사는 것은 아름답고 올바르게 사는 것과 같은 것이라는 주장도 여전히 타당한가, 아니면 타당하지 않은가?

크리톤 여전히 타당하네.

소크라테스 거기까지 의견이 일치했으니 우리는 이제 아테나이 당국자들이 나를 방면하지 않을 경우 내가 이곳을 탈출하려고

5 　혼(魂).

6 　to eu zen.

시도하는 것이 옳은지 그른지 고찰해봐야 하네. 그래서 옳다고 밝혀지면 우리는 시도해봐야겠지만, 그러지 않으면 그만두어야 하네. 자네가 제기하는 비용과 평판과 자녀 양육 문제는, 솔직히 말해서 크리톤, 아무렇지도 않게 사람들을 사형에 처했다가 그럴 수만 있으면 아무 생각 없이 되살려줄 사람들, 말하자면 대중이나 생각해볼 일일세. 하지만 우리 원칙들이 그렇게 하기를 요구하는 만큼 우리는 방금 제기했던 문제만을 고찰해야 할 것이네. 우리를 이곳에서 데리고 나갈 사람들에게 우리가 사례금을 주며 고마워하고 우리를 탈출시키는 데 우리도 한몫 거드는 것이 과연 옳은 짓인지, 아니면 그런 짓을 모두 함으로써 사실은 우리가 불의한 짓을 저지르는 것인지 고찰해야 한다는 말일세. 그리고 만약 우리가 불의한 짓을 저지를 것으로 밝혀지면, 우리는 과연 우리가 불의한 짓을 저지르는 것인가 하는 문제를 고찰하기에 앞서 우리가 이곳에 머물며 가만히 있다가는 죽거나 다른 변을 당할 수밖에 없을 것이라는 생각부터 먼저 해서는 안 될 것이네.

크리톤 자네 말이 훌륭한 것 같네, 소크라테스. 그렇지만 우리가 무엇을 해야 할 것인지 생각해보게!

소크라테스 여보게, 이 문제를 함께 고찰해보도록 하세. 그리고 내가 말하는 도중 자네가 이의를 제기할 수 있으면 그렇게 하게나. 나는 자네 말을 따르겠네. 그러나 이의를 제기할 수 없다면, 여보게, 내가 아테나이인들의 뜻에 반하여 이곳을 떠나야 한다는 똑같은 주장을 자꾸 되풀이하는 일은 이제 그만두게. 행동하기 전에 자네를 설득하는 것이 중요한 만큼 나는 자네 뜻에 반하여 행동하고 싶지 않네. 그러니 자네가 보기에 우리 고찰의 출발점이 제대로 설정되었는지 살펴보고, 자네 신념에 따라 내가 묻는 말에 대답해보게!

49a

크리톤 그렇게 해보지.

소크라테스 우리는 사람들이 어떤 경우에도 고의로 불의를 저질러서는 안 된다고 말하는가, 아니면 어떤 경우에는 불의를 저질러도 되고 어떤 경우에는 안 된다고 말하는가? 전에 우리 사이에 여러 번 의견이 일치했듯이, 불의를 저지르는 것은 무조건 좋은 일도 아니고 훌륭한 일도 아닌가? 아니면 우리가 전에 합의한 것들이 요 며칠 사이에 모두 헛소리한 셈이 되고 말았는가? 그리고 크리톤, 우리는 이 나이[7]가 되도록 서로 진지하게 토론했건만, 우리가 어린아이들보다 나을 게 전혀 없다는 것도 모르고 그렇게 했단 말인가? 아니면 그때 우리가 말하곤 하던 것은 틀림없는 진실인가? 대중이 동의하건 동의하지 않건, 우리가 지금보다 더 심한 고초를 겪건 더 가벼운 고통을 겪건, 불의를 저지르는 것은 불의를 저지르는 자에게 어떤 경우

b

---

7   두 사람 다 70세가 넘었다.

에도 나쁘고 부끄러운 짓인가? 그것이 우리의 주장인가, 우리의 주장이 아닌가?

크리톤 우리의 주장일세.

소크라테스 그렇다면 어떤 경우에도 불의를 저질러서는 안 되네.

크리톤 안 되고말고.

소크라테스 그러면 대중이 믿고 있듯, 불의를 당했다고 해서 그 앙갚음으로 불의를 저질러서는 안 되네. 어떤 경우에도 불의를 저질러서는 안 되니까.

크리톤 분명 그래서는 안 될 것 같군.

소크라테스 다음은 어떤가? 남을 해코지해야 하는가, 해코지하지 말아야 하는가, 크리톤?

크리톤 절대로 해코지해서는 안 되네, 소크라테스!

소크라테스 다음은 어떤가? 대중이 믿고 있듯, 해를 입었다고 해서 그 앙갚음으로 해코지하는 것은 옳은가, 옳지 않은가?

크리톤 결코 옳지 않네.

소크라테스 그것은 사람들을 해코지하는 것이 불의를 저지르는 것과 전혀 다르지 않기 때문일 걸세.

크리톤 옳은 말일세.

소크라테스 그렇다면 앙갚음하려고 불의를 저질러서도 안 되고, 남에게 어떤 해를 입었건 남을 해코지해서도 안 되네. 하지

만 크리톤, 자네는 자네의 의견에 반하여 여기에 동의하는 일
이 없도록 조심하게. 내가 알기로, 소수의 사람만이 그렇게 믿
고 있고, 그렇게 믿을 테니 말일세. 또한 그렇게 생각하는 사람
들과 그렇게 생각하지 않는 사람들은 함께 논의하는 일 없이
서로 상대방의 결정을 보고 경멸할 수밖에 없네. 그러니 자네
도 심사숙고하게. 우리가 이 믿음을 공유하고 자네가 나에게 동
의하는지 말일세. 그리하여 불의를 저지르는 것도, 불의를 앙
갚음하는 것도, 해를 입은 사람이 앙갚음으로 자기를 지키는
것도 결코 옳지 못하다는 전제를 우리 논의의 출발점으로 삼을
수 있겠는지 말일세. 아니면 자네는 이에 동의하지 않고 이런
출발점을 공유하지 않을 텐가? 그것은 오래전부터 내 지론이
었고, 지금도 그렇다네. 하지만 자네 생각이 그와 다르다면 내
게 말해주고 설명해주게. 그러나 자네가 이전 의견을 견지한다
면, 그다음 것을 들어보게.

크리톤 나야 이전 의견을 견지하고 자네에게 동의하니, 계속 말
해보게나.

소크라테스 그러면 그다음 것을 말하겠네. 아니, 그보다 자네에
게 한 가지 묻겠네. 어떤 사람이 누구에게 정당한 것을 약속했
을 때 그것을 이행해야 하는가, 아니면 약속을 어겨도 좋은가?

크리톤 이행해야 하네.

소크라테스 거기에 입각해서 고찰해보게. 우리가 나라의 허가도

받지 않고 이곳을 떠날 경우, 결코 해를 입혀서는 안 될 사람들에게 해를 입히는 것인가 아닌가? 그리고 우리가 정당한 것을 약속했으면 반드시 지켜야 하는 것인가 아닌가?

크리톤 소크라테스, 나는 자네가 묻는 말이 무슨 말인지 몰라 대답할 수가 없구먼.

소크라테스 그렇다면 이렇게 생각해보게. 우리가 이곳에서 도주할—우리의 행위를 뭐라고 불러도 좋네—채비를 하고 있을 때 법률과 국가 공동체가 다가와 우리를 막아서며 다음과 같이 묻는다고 가정해보세. "소크라테스, 말해보게. 그대는 무엇을 하려 하는가? 이런 일을 기도함으로써 그대는 있는 힘을 다해 우리 둘을, 즉 법률과 나라 전체를 파괴할 작정인가? 아니면 그대는 나라의 법정에서 선고된 판결이 아무 효력도 갖지 못하고 개인들에 의해 무효화되고 훼손된다면, 그런 나라가 전복되지 않고 존속할 것이라고 생각하는가?" 크리톤, 우리는 이런 질문이나 그와 같은 다른 질문들에 뭐라 답할 것인가? 일단 법정에서 선고된 판결이 구속력을 갖기를 요구하는 법률이 파기되는 것에 항의하여 어떤 사람들은, 특히 연설가는 많은 말을 할 수 있을 걸세. 아니면 우리는 그들에게 "그렇소. 정의롭지 못한 판결을 내림으로써 국가가 우리에게 불의를 저질렀기 때문이오"라고 말할 것인가? 그렇게 말할 것인가, 아니면 뭐라고 말할 것인가?

크리톤 제우스에 맹세코, 그렇게 말해야 하네, 소크라테스.

소크라테스 법률이 이렇게 말하면 우리는 뭐라 대답할 것인가? "소크라테스, 그것도 우리 사이의 합의사항인가, 아니면 국가가 어떤 판결을 내리든 그대는 거기에 따르기로 합의했는가?" 우리가 법률이 하는 말을 듣고 놀라면 법률은 아마도 이렇게 말할 걸세. "소크라테스, 그대는 내가 하는 말에 놀라지 말고 대답해보게. 그대는 묻고 대답하는 일에 익숙하니까. 자, 그대는 도대체 나라와 법률에 무슨 불만이 있기에 우리 둘을 파괴하려 하는가? 우선 첫째로, 그대를 낳아준 것은 우리가 아니었던가? 또한 우리를 통해 그대의 아버지는 그대의 어머니와 결혼하고 그대를 낳지 않았던가? 말해보게, 그대는 우리 법률 가운데 결혼에 관한 법률에 불만이 있는가?" 나는 "불만 없습니다"라고 말할 것이네. "아니면 아이들의 양육과, 그대도 수혜자였던 교육에 관한 법률에 불만이 있는가? 우리 법률 가운데 그런 목적으로 제정된 법률은 그대에게 시가와 체육을 교육시키도록 그대 아버지에게 지시했거늘, 그런 지시가 좋지 않다는 것인가?" "좋지 않기는요" 하고 나는 말할 것이네. "좋았어. 그대는 이곳에서 태어나고 자라나고 교육받았는데도 그대의 선조와 마찬가지로 그대도 우리의 자녀이며 노예라는 것을 대뜸 부인할 수 있겠는가? 사실이 그러한데, 그대는 그대의 권리와 우리의 권리가 대등하여, 우리가 그대에게 어떤 행동을 하려

하든 그대가 앙갚음할 권리가 있다고 생각하는가? 그대에게는 그대 아버지와, 그대에게 주인이 있다면 그대 주인과 대등한 권리가 없다네. 그래서 그들이 그대에게 무슨 짓을 하건 그대는 앙갚음할 수 없는 거야. 그들이 욕한다고 맞받아 욕하지 못하고, 그들이 친다고 되받아치지 못하는 등등 그런 일이 한두 가지가 아니라네. 한데 그대는 조국과 법률에 앙갚음하는 것이 허용된다고 생각하는가? 그래서 우리가 그대를 파멸시키는 것이 옳다고 생각하여 그렇게 하려 하면, 그대도 그 앙갚음으로 있는 힘을 다해 우리 법률과 조국을 파멸시키려 할 것인가? 또한 그대는 그러는 것이 올바른 행동을 하는 것이라고 주장할 것인가, 명색이 미덕에 전념한다는 사람이? 아니면 그대는 지혜롭다면서, 그대의 어머니나 아버지나 그 밖의 다른 모든 선조보다 그대의 조국이 더 소중하고 더 존경스럽고 더 신성하며, 신들과 지각 있는 사람들 사이에서 더 높이 평가받는다는 것도 모르고, 그대 조국이 노여워하면 그대 아버지가 노여워할 때보다 더 두려워하는 마음으로 더 공손하게 그대가 달래야 한다는 것도 모르는가? 그리고 그대는 조국을 설득하거나 조국이 시키는 것이면 무엇이든 해야 하며, 조국이 내리는 벌은 태형이든 투옥이든 묵묵히 참고 견뎌야 하네. 그리고 조국이 그대를 전쟁터로 인도하여 그대가 부상 당하거나 전사하더라도 그대는 거기에 응해야 하네. 그러는 것이 옳은 일이네. 그대는 뒤로 물러서거나 후퇴하거나 대열을 이탈해서는 안 되고, 전쟁터에서도 법정에서도 그 밖의 어느 곳에서도 국가와 조국의 명령에 복종하거나, 아니면 무엇이 진정 옳은 일인지 설득해야 하네. 그리고 어머니나 아버지에게 폭력을 행사하는 것이 불경한 짓이라면, 조국에 폭력을 행사하는 것은 훨씬 더 불경한 짓이라네." 크리톤, 우리는 뭐라고 대답할까? 법률의 말이 진실이라고 할까, 진실이 아니라고 할까?

크리톤 내 생각에는 진실인 것 같으이.

소크라테스 법률은 아마 이렇게 말을 이을 걸세. "그렇다면 소크라테스, 생각해보게. 만약 우리가 말하는 것이 참이라면, 그대는 지금 우리에게 옳지 못한 짓을 꾀하는 것이네. 우리는 그대가 태어나고 자라고 교육받게 해주었고, 우리가 줄 수 있는 온갖 혜택을 그대와 다른 모든 시민에게 나눠주었으니까. 그런데도 우리는 모든 아테나이인에게 자결권을 보장함으로써 원하는 사람은 누구나 성인이 된 뒤 국정운영과 우리 법률을 보고 나서 우리가 마음에 들지 않으면 재산을 챙겨 갖고 어디든 원하는 곳으로 떠나도 좋다고 선포하고 있네. 만약 그대들 가운데 누가 우리와 나라가 마음에 들지 않아 우리 식민지 중 한 곳으로 이주하거나 다른 어떤 곳으로 가서 거류민으로 살기 원한다면, 우리 법률 가운데 어느 것도 그가 재산을 몽땅 챙겨 원하는 곳으로 가는 것을 방해하지도 금지하지도 않는다네. 그러나 그대들 가운데 누가 우리의 재판 체계와 그 밖의 다른 국정운영 방식을 보고도 이곳에 머무른다면, 우리는 그가 우리의 어떤 명령에도 복종하기로 사실상 합의한 것이라고 주장한다네. 그래서 우리는 누구든 복종하지 않는 자는 삼중으로 불의를 저지르는 것이라고 주장하지. 첫째, 그는 자기를 낳아준 우리에게 복종하지 않기 때문이고, 둘째, 그는 자기를 길러준 우리에게 복종하지 않기 때문이네. 셋째, 그는 우리에게 복종하겠다고 합의해놓고는 복종하지도 않고 우리에게 잘못이 있다면 그

52a 것을 고치도록 우리를 설득하려고도 하지 않으니 말일세. 우리는 그에게 우리가 시키는 대로 하라고 가혹하게 다그치는 대신, 우리를 설득하든지 아니면 우리가 시키는 대로 하든지 양자택일하라고 제의할 뿐인데 그는 어느 것도 하지 않으니 말일세. 소크라테스, 단언컨대 그대도 지금 계획하고 있는 바를 실행에 옮기면 그런 비난들을 면치 못할 것이네. 그대는 아테나이인들 가운데 비난을 가장 적게 받기는커녕 가장 많이 받는 축에 들 것이네." 그래서 내가 "어째서 그렇지요?"라고 말하면, 법률은 아마도 나만큼 명시적으로 그들에게 합의해준 아테나

b 이이인들은 많지 않을 것이라며 틀림없이 나를 나무랄 걸세. "소크라테스, 우리에게는 우리도 나라도 그대 마음에 들었다는 유력한 증거들이 있네. 이 나라가 그대 마음에 썩 들지 않았다면, 그대는 모든 아테나이인 중에서 유별나게 시종일관 이곳에 머물

지는 않았을 테니 말일세. 그대는 이스트모스[8]에 딱 한 번 간 것 말고는 축제를 구경하려고 우리 도시를 떠난 적이 없으며, 군복무[9] 이외의 다른 목적으로 외지에 간 적이 없네. 그대는 남들처럼 국외여행을 한 적이 없으며, 다른 나라와 다른 나라 법률을 알고 싶어하지도 않았네. 그대는 우리와 우리 나라로 만족했으니까. 그대는 그처럼 단호히 우리를 택했고, 시민으로서의 모든 활동에서 우리를 준수하기로 합의했다네. 또한 그대는 이 나라에서 자식들을 낳았는데, 이는 이 나라가 그대 마음에 들었다는 증거가 아니고 무엇인가! 더군다나 그대는 재판받을 때도 그대가 원했다면 추방형을 제의할 수도 있었네. 그랬더라면 지금 그대가 나라의 의사에 반하여 행하려고 하는 것을 그때 나라의 승인을 받아 행할 수 있었을 것이네. 하지만 그때 그대는 죽어도 여한이 없다고 계속 호언장담하며 그대 말대로 추방형보다는 사형을 택했네.[10] 그런데 지금 그대는 그때 한 말은 아랑곳하지 않고, 법률인 우리를 무시하고 우리를 파괴하려 드는구려. 그대는 시민으로서의 모든 활동에서 법률을 준수하기

---

8   이스트모스(Isthmos '지협')는 여기서 그리스 본토와 펠로폰네소스 반도를 잇는 코린토스 지협을 말한다. 당시 그곳에서는 2년마다 해신(海神) 포세이돈(Poseidon)을 기리는 제전이 열렸다.
9   『소크라테스의 변론』 28e 참조.
10   『소크라테스의 변론』 37c~d 참조.

로 합의해놓고 계약조건과 합의사항을 어기고 도주하려 하는데, 그것은 가장 천한 노예나 할 법한 짓이라네. 그대는 먼저 다음 질문에 대답해주게. 그대는 시민으로서의 모든 활동에서 법률인 우리를 말이 아닌 행동으로 따르기로 합의한 것이라고 우리가 주장한다면 우리가 하는 말이 진실인가, 진실이 아닌가?" 크리톤, 우리는 뭐라고 대답해야 하나? 진실이라고 시인할 수밖에 없겠지?

크리톤 시인할 수밖에 없군, 소크라테스!

소크라테스 그러면 법률이 이렇게 말하겠지. "그렇다면 그대는 강요당하거나 기만당하거나 단기간에 결정하도록 독촉받지도 않고서 우리와 체결한 계약조건과 합의사항을 어기는 것이 아니고 무엇인가! 그대는 70년 동안 우리가 그대 마음에 들지 않거나 우리 사이의 계약이 불공정하다고 생각되면, 이 나라를 떠날 수 있었네. 하지만 그대는 훌륭한 법률을 갖추었다고 그대가 늘 주장하곤 하는 나라들인 라케다이몬[11]이나 크레테는 물론이고, 헬라스[12]의 나라나 이민족의 나라 가운데 어떤 나라도 선택하지 않았네. 사실 절름발이나 장님이나 그 밖의 다른 장애인이라도 그대만큼 아테나이를 떠난 적이 드물지는 않았을 것이네. 이처럼 다른 아테나이인들보다 유별나게 그대에게는 이 나라는 물론이고 법률인 우리가 마음에 들었음이 분명해. 그도 그럴 것이, 법률 없는 나라가 누구 마음에 들겠는가? 그러니 그대는 지금이라도 합의사항을 준수하지 않겠는가? 소크라테스, 그대가 우리 조언을 받아들인다면 준수하겠지. 그러면 그대가 이 나라를 떠남으로써 웃음거리가 되는 일도 없을 걸세.

생각해보게, 그대가 그런 합의사항들을 어기고 그런 과오들을 저지른다면 그것이 그대 자신과 그대 친구들에게 무슨 도움이 되겠는지. 그대 친구들은 십중팔구 추방당해 시민권을 상실하고 재산을 몰수당할 위험에 처할 것이야. 그대 자신도 훌륭한 법률을 갖춘 테바이나 메가라[13] 같은 이웃나라로 간다면, 그대는 이들 나라에 그곳 정체(政體)의 적으로서 가게 될 것이네, 소크라테스. 그곳의 애국자들은 누구나 그대를 법률을 파괴하는 자로 의심하여 수상히 여길 테니 말일세. 또한 그대는 배심원들에게 자기들이 그대에게 올바른 판결을 내렸다는 확신을 심어줄 것이네. 법률을 어기는 자는 누구나 젊은이들과 지각없는 사람들을 타락시키는 자로 간주되기 십상이니까. 그래서 그대는 훌륭한 법률을 갖춘 나라들과 가장 예의 바른 사람들은 피할 작정인가? 그런다고 해서 그대의 삶이 살 만한 가치가 있을까? 아니면 그대는 뻔뻔스럽게도 그런 사람들에게 다가가

---

11 라케다이몬(Lakedaimon)은 스파르테(Sparte)를 달리 부르는 이름이다.

12 헬라스(Hellas)는 그리스의 그리스어 이름이다.

13 테바이는 보이오티아 지방의 수도로 아테나이 북서쪽에 있으며, 메가라(Megara)는 서쪽에 있다.

서 대화할 것인가? 대체 어떤 주제를 놓고 대화할 것인가, 소크라테스? 아니면 이곳에서 늘 그랬듯이, 미덕과 정의야말로 제도와 법률과 더불어 인류에게 가장 값진 재산이라고 말할 것인가? 그대 소크라테스의 체면이 말이 아닐 것이라고 생각되지 않는가? 틀림없이 그렇게 생각될 것이네. 아니면 그대는 그런 나라들을 떠나 텟살리아[14]로 크리톤의 친구들을 찾아갈 것인가? 방종과 무질서가 지배하는 그곳에서는 그대가 양치기의 가죽옷과 도망자들이 입곤 하는 옷 따위로 변장을 하고 겉모양을 바꾸어 우스꽝스러운 모습으로 탈옥했다는 이야기를 들려주면 사람들이 듣고 좋아할 테니까. 하지만 살날이 얼마 남지 않은 것 같은 노인이 뻔뻔스럽게도 가장 중요한 법률을 어기면서까지 탐욕스럽게 삶에 집착한다고 말할 사람은 아무도 없을까? 그대가 누구를 화나게 하지 않는다면, 그렇게 말할 사람이 없을 수도 있겠지. 하지만 만약 그대가 누구를 화나게 한다면, 소크라테스여, 그대는 치욕적인 말을 많이 듣게 될 걸세. 그대는 모든 사람에게 굽실굽실 종노릇하며 살게 되리라. 마치 성찬을 대접받기 위해 이곳을 떠나간 것처럼 흥청망청 먹고 마시는 것 말고 텟살리아에서 그대가 할 일이 무엇일까? 그렇게 되면 정의와 다른 미덕에 관한 그대의 원칙들은 도대체 어떻게 되는 것인지 말해주게. 그렇다면 그대는 자식들을 양육하고 교육시키기 위해서 살고 싶어하는가? 어째서 그렇지? 그대가 자식들을 텟살리아로 데려가 양육하고 교육시키려는 것은 그 애들을 외국인으로 만들어 그 애들이 외국인으로서의 혜택도 누리게 하기 위해서인가? 아니면 그 대신 그 애들이 이곳에서 양육될 경우, 그대가 떨어져 있어도 살아만 있으면 그 애들이 더 잘 양육되고 더 좋은 교육을 받게 될까? 그대 친구들이 그 애들을 돌봐줄 테니까. 그대가 이곳을 떠나 텟살리아로 갈 경우에는 그대 친구들이 그 애들을 돌봐주겠지만, 그대가 저승으로 갈 경우에는 돌봐주지 않는다고 생각하는가? 그대 친구라고 말하는 자들이 조금이라도 쓸모 있는 자들이라면, 그대는 그들이 돌봐줄 것이라고 믿어야겠지.

그러니 소크라테스여, 그대를 양육해준 우리의 조언을 받아들여 자식도 목숨도 그 밖의 어떤 것도 정의보다 더 중히 여기지 말게. 그대가 저승에 갔을 때 이 모든 것이 저승의 지배자들 앞에서 그대를 변호해줄 수 있도록 말이네. 그대가 지금 계획하는 일을 실행에 옮기면, 그것은 이승에 있는 그대에게도 그대의 어떤 친구에게도 더 좋아 보이지도, 더 옳아 보이지도, 더 경건해 보이지도 않을 것이네. 또한 그대가 저승에 가더라도 그것은 그대에게 더 좋지 않을 것이네. 하지만 그대가 지금 이승을 떠난다면 그대는 법률인 우리가 아니라 인간들에게 해를

14 텟살리아는 그리스 반도의 북부 지방이다.

입고 떠나는 것이라네. 그러나 그대가 불의를 불의로, 악행을 악행으로 앙갚음한 뒤 우리와의 합의사항과 계약조건을 어기고 그대가 가장 해쳐서는 안 될 그대 자신과 그대 친구들과 조국과 법률인 우리를 해치고 나서 그렇게 수치스럽게 떠난다면, 그대가 살아 있는 동안에는 우리가 그대에게 분개할 것이고, 저승에서는 우리 형제인 저승의 법률이 그대가 있는 힘을 다해 우리를 유린하려 했다는 것을 알기에 그대를 반갑게 맞지 않을 것이네. 그러니 그대는 크리톤이 권하는 대로 할 것이 아니라 우리가 권하는 대로 하게나.”

사랑하는 친구 크리톤이여, 잘 알아두게. 나에게는 법률이 그렇게 말하는 것이 들리는 것만 같네. 마치 코뤼반테스들[15]의 귀에 피리 소리가 들리는 것처럼 말일세.[16] 그렇게 말하는 법률의 목소리가 귀에 쟁쟁해서 나는 그 밖의 다른 말은 아무것도 들리지 않는다네. 자네는 알아두게. 지금 내 생각이 그러하니 자네가 이의를 제기해도 소용없네. 그렇지만 자네가 말을 해서 뭔가를 이룰 수 있다고 생각한다면 말해보게!

크리톤 나는 할 말이 없네, 소크라테스!

소크라테스 그렇다면 그만두게나, 크리톤. 그리고 법률이 권하는 대로 하세. 신께서 우리를 그쪽으로 인도하시니까.

15   코뤼반테스들(Korybantes)은 소아시아의 지모신(地母神)인 퀴벨레(Kybele)
      의 사제들이다.

16   의식이 끝난 뒤에도 들리는 듯하다는 말이다.

크리톤

/

105

파이돈

대담자
에케크라테스(Echekrates) 플레이우스 시 출신의 퓌타고라스학파 철학자
파이돈(Phaidon) 펠로폰네소스 반도 엘리스 지방 출신으로, 소크라테스의 헌신적인 제자

대담 속 등장인물
소크라테스
아폴로도로스(Apollodoros) 열렬한 소크라테스 추종자
심미아스(Simmias) 테바이인으로 소크라테스 숭배자
케베스(Kebes) 테바이인으로 소크라테스 숭배자
크리톤 소크라테스의 죽마고우

에케크라테스 파이돈, 소크라테스 선생께서 감옥에서 독약을 마
시던 날 그대는 몸소 그분 곁에 있었소, 아니면 그때 일을 다른
사람한테서 전해 들었소?

파이돈 나는 몸소 그분 곁에 있었어요, 에케크라테스.

에케크라테스 그러면 그분께서 세상을 떠나기 전에 무슨 말씀을
하셨으며, 어떻게 생을 마감하셨소? 기꺼이 듣고 싶군요. 요즘
은 플레이우스[1] 시민 중에 아테나이를 방문하는 사람이 거의
없는 데다 아테나이에서 이곳을 방문하는 사람도 오랫동안 없
었던지라, 우리는 그때 있었던 일을 정확하게 전해 듣지 못했
소. 그분께서 독약을 마시고 돌아가셨다는 것 말고는. 그 이상
은 누구도 전해주지 않았소.

파이돈 그러면 여러분은 재판이 어떻게 진행되었는지도 듣지
못했나요?

---

1   플레이우스(Phleious)는 펠로폰네소스 반도 북동부에 있는 도시이다.

에케크라테스 그건 들었소. 누군가가 우리에게 전해주었지요. 그래서 우리는 그분께서 재판이 끝나고 나서 한참 있다가 세상을 떠나신 것 같아 이상하다 싶었소. 왜 그랬지요, 파이돈?

파이돈 우연히 그렇게 되었어요, 에케크라테스. 마침 그분께서 재판받기 전날 아테나이인들이 델로스 섬에 보내는 배의 고물이 화환으로 장식되었기 때문이지요.

에케크라테스 그게 무슨 배인가요?

파이돈 그 배는 아테나이인들의 말로는, 테세우스가 '7쌍'의 제물을 태우고 크레테 섬에 갔다가 그들도 살리고 자기도 살린 바로 그 배라고 했소.[2] 그때 그들은 만약 자기들이 구원받으면 그 보답으로 해마다 델로스에 사절단을 보내기로 아폴론 신에게 서약했답니다. 그래서 그들은 그때부터 지금까지 계속 해마다 아폴론 신에게 사절단을 보내고 있지요. 그런데 아테나이인들에게는 일단 사절단 파견이 시작되면 도시는 정결해야 하며, 배가 델로스에 갔다가 아테나이로 돌아올 때까지는 국가가 어느 누구에게도 사형을 집행해서는 안 된다는 법이 있어요. 그들이 풍랑을 만나기라도 하면 갔다가 돌아오는 데 가끔 오랜 시일이 걸릴 때도 있어요. 그리고 사절단 파견은 아폴론 신의 사제가 배의 고물을 화환으로 장식하는 순간부터 시작되는데, 앞서 말했듯이, 마침 그분께서 재판받기 전날에 배가 화환으로 장식됐답니다. 그래서 소크라테스 선생님께서는 재판을 받고 나서도 한참 동안 감옥에 계시다가 세상을 떠나신 것이지요.

에케크라테스 파이돈, 그분께서 어떻게 생을 마감하시던가요? 그분께서는 무슨 말씀을 하시고 어떤 행동을 하셨으며, 친구 가운데 그분 곁에 있었던 이들은 누구누구였지요? 아니면 친구들이 곁에 있는 것을 관헌들이 허용하지 않아, 친구들도 없이 혼자 쓸쓸하게 생을 마감하셨나요?

파이돈 그러지는 않고, 몇 명이, 아니 여러 명이 그분 곁에 있었어요.

에케크라테스 그러면 그때 있었던 일의 자초지종을 우리에게 되도록 정확하게 전해주시면 고맙겠소. 그대에게 혹시 바쁜 일이 없다면 말이오.

파이돈 나는 바쁘지 않으니, 여러분에게 사건의 전말을 이야기해보도록 하지요. 나 자신이 말하건 남이 하는 말을 듣건 소크라테스 선생님을 회상하는 것이야말로 나에게는 언제나 가장 즐거운 일이니까요.

---

2   아테나이는 전쟁에 진 뒤 크레테 왕 미노스에게 9년마다 소년 소녀 7명씩을 공물로 삼아, 소의 머리에 인간의 몸을 한 식인 괴물 미노타우로스(Minotauros)의 먹이로 보내기로 했는데, 세 번째로 공물을 바칠 때 테세우스(Theseus) 왕자가 7명의 소년 가운데 한 명으로 자원했다. 그는 크레테로 건너가서 자신에게 첫눈에 반한 아리아드네(Ariadne) 공주의 도움으로 괴물을 죽인 뒤 그녀가 준 실을 되감아 미궁 밖으로 나올 수 있었다.

에케크라테스 파이돈, 그대 말을 듣는 사람들도 그 점에서 동감이라는 것을 그대는 알게 될 것이오. 자, 그대는 모든 것을 되도록 자세하게 이야기해보시오.

파이돈 나는 그분 곁에 있을 때 묘한 느낌이 들었어요. 친구의 임종을 지켜볼 때의 연민의 정이 느껴지지 않았으니 말예요. 에케크라테스, 그분께서는 태도로나 말씀으로나 내게는 행복해 보였으니까요. 그분께서는 그렇게 두려움 없이 고상하게 생을 마감하셨어요. 그래서 나는 그분께서 저승으로 가는 동안에도 신의 가호를 받으실 것이고, 저승에 이르러서도 누군가 그런 적이 있다면 잘 지내실 것이라는 느낌을 떨쳐버릴 수가 없었지요. 그래서 나는 그런 슬픈 자리에서 느낄 법한 연민의 정을 전혀 느끼지 못했던 거예요. 그런가 하면 나는 우리가 여느 때처럼 철학적 담론—그때 우리가 나눈 대화는 그런 종류였으니까요—에 열중해도 즐거움을 느끼지 못했어요. 그분께서 곧 생을 마감하시게 되리라는 생각이 들자 아주 묘한 느낌이 나를 엄습했는데, 그것은 즐거움과 고통이 혼합된 이상한 감정이었어요. 그 자리에 있던 우리는 모두 거의 같은 느낌이 들어 웃다가 울다가 했지요. 우리 가운데 한 명이 특히 심했어요. 아폴로도로스[3] 말예요. 그 사람과 그의 태도는 그대도 알고 있겠지요.

에케크라테스 물론 알고 있지요.

파이돈 그는 완전히 자제력을 잃었고, 나도 다른 사람들도 혼란에 빠졌어요.

에케크라테스　한데 파이돈, 누구누구가 그 자리에 있었소?

파이돈　아테나이 사람으로는 방금 말한 아폴로도로스, 크리토
불로스와 그의 아버지[4] 이외에도 헤르모게네스,[5] 에피게네스,[6]
아이스키네스,[7] 안티스테네스[8]가 있었어요. 파이아니아[9] 구역
출신인 크테십포스,[10] 메넥세노스,[11] 그 밖에도 그곳 사람 몇 명
이 더 있었어요. 플라톤[12]은 아마 몸이 아팠던 것 같아요.

에케크라테스　다른 나라에서 방문한 사람들도 더러 그 자리에

3　『소크라테스의 변론』 34a 참조.

4　크리톤.

5　헤르모게네스(Hermogenes)는 소크라테스 추종자 가운데 한 명이다.

6　에피게네스(Epigenes)는 『소크라테스의 변론』 33e에서도 언급된다.

7　아이스키네스(Aischines)는 열렬한 소크라테스 추종자로, 소크라테스 대화
　　편을 몇 편 썼지만 지금은 단편만이 남아 있다.

8　안티스테네스(Antisthenes)는 소크라테스 추종자라고 하지만 견유학파의
　　창시자로도 알려져 있다.

9　파이아니아(Paiania)는 앗티케 지방의 구역(區域 demos) 가운데 하나이다.
　　앗티케 지방은 모두 174개 구역으로 나뉘어 있었다.

10　크테십포스(Ktesippos)는 플라톤의 다른 대화편 『뤼시스』(Lysis)와 『에우튀
　　데모스』(Euthydemos)에도 나온다.

11　메넥세노스(Menexenos)는 플라톤의 대화편 『뤼시스』에서는 소년으로 나오
　　며, 그의 이름을 딴 『메넥세노스』에서는 젊은이로 등장한다.

12　플라톤이 자신의 대화편에서 자신을 언급하는 부분은 이곳과 『소크라테스
　　의 변론』 34a, 38b 세 군데뿐이다.

있었나요?

파이돈 그래요. 테바이[13] 사람 심미아스, 케베스,[14] 파이돈데스[15]와 메가라[16]에서 온 에우클레이데스, 테르프시온[17]이 그 자리에 있었어요.

에케크라테스 어때요, 아리스팁포스[18]와 클레옴브로토스[19]도 그 자리에 있었나요?

파이돈 아니요. 그들은 아이기나[20] 섬에 가 있었다더군요.

에케크라테스 또 누가 그 자리에 있었나요?

파이돈 이들이 전부인 것 같아요.

에케크라테스 말해봐요. 대화는 어떻게 진행되었지요?

파이돈 내가 사건의 자초지종을 이야기해보도록 하지요. 소크라테스 선생님과 함께하던 다른 사람들과 나는 전에도 매일같이 그분을 방문했으니까요. 동틀 무렵 우리는 재판이 열리던 법정 옆에 모이곤 했는데, 그곳이 감옥에서 가까웠기 때문이지요. 그리고 매일 옥문이 열릴 때까지 서로 이야기를 나누며 기다렸어요. 이른 아침에는 옥문이 열리지 않았으니까요. 옥문이 열리면 우리는 안으로 들어가 하루의 대부분을 소크라테스 선생님과 함께 보내곤 했지요. 그날 우리는 더 일찍 모였어요. 전날 저녁 우리가 감옥을 떠날 때 그 배가 델로스에서 도착했다는 것을 알았기 때문이지요. 그래서 우리는 늘 모이던 곳에 되도록 일찍 모이자고 서로 연락했어요. 우리가 도착했을 때, 문

플라톤

/

114

지기가 여느 때처럼 우리를 들여보내지 않고 우리더러 자기가 지시할 때까지 들어오지 말고 기다리라고 하더군요. 그러면서 그는 "11명의 옥사쟁이들[21]이 소크라테스 선생님의 사슬을 풀어주며 그분께 오늘 생을 마감하시게 될 것이라고 통보하고 있어요"라고 말하더군요. 잠시 뒤 문지기가 돌아와 우리더러 들어가라고 했어요. 우리가 들어가서 보니, 소크라테스 선생님께서는 방금 사슬에서 풀려나 계셨고, 크산팁페[22]가—그녀가 누구인지 그대는 알고 있겠지요—어린 아들[23]을 보듬고 그분 옆

13 테바이는 보이오티아 지방의 수도로, 아테나이에서 북서쪽으로 60킬로미터쯤 떨어져 있다.

14 심미아스와 케베스는 『크리톤』 45b에서도 언급된다.

15 파이돈데스(Phaidondes)에 관해서는 크세노폰, 『소크라테스 회상록』 1권 2장 48절 참조.

16 메가라(Megara)는 아테나이와 코린토스 사이에 있는 도시이다.

17 에우클레이데스(Eukleides)는 소크라테스 문하에 있다가 나중에 메가라학파의 창시자가 된다. 그와 테르프시온(Therpsion)은 플라톤의 대화편 『테아이테토스』(Theaitetos)의 프롤로그에 화자로 등장한다.

18 아리스팁포스(Aristippos)는 소크라테스의 문하생이다. 퀴레네(Kyrene)학파의 창시자는 그가 아니라 이름이 같은 그의 손자이다.

19 여기 나오는 클레옴브로토스(Kleombrotos)에 관해서는 알려진 바가 없다.

20 아이기나(Aigina)는 앗티케 지방 남쪽에 있는 섬으로, 아테나이에서 남서쪽으로 30킬로미터쯤 떨어져 있다.

21 『소크라테스의 변론』 37c 참조.

22 크산팁페(Xanthippe)는 소크라테스의 아내로, 훗날 바가지 긁는 사나운 아내의 대명사가 되었다.

에 앉아 있더군요. 크산팁페는 우리를 보자 울부짖으며 여인들이 할 법한 그런 말을 늘어놓았어요. "여보! 소크라테스, 당신 친구들이 당신에게 말을 걸고 당신이 친구들에게 말을 거는 것도 이게 마지막이에요." 그러자 소크라테스 선생님께서 크리톤을 보며 말씀하셨어요. "크리톤, 누가 우리 집사람을 집으로 데려다주는 게 좋겠어!"

그러자 크리톤의 하인 몇 명이 고함을 지르며 가슴을 쳐대는 그녀를 데리고 나갔어요. 그사이 소크라테스 선생님께서는 침상에 똑바로 앉아 무릎을 구부리고 손으로 다리를 주무르셨어요. 선생님께서는 다리를 주무르며 이렇게 말씀하셨지요. "여보게들, 사람들이 쾌감이라고 부르는 감정은 참 이상하기도 하지! 쾌감은 그와 정반대되는 것으로 여겨지는 감정인 고통과 놀랍도록 밀접하게 연관되니 말일세. 한 사람이 이 두 가지를 동시에 느낄 수는 없어. 하지만 누가 둘 중 하나를 쫓아가 잡으면, 그는 거의 언제나 다른 것도 잡게 되지. 그것들은 마치 같은 머리에 달린 두 몸과도 같아. 그래서 만약 아이소포스[24]가 그런 생각을 했다면 아마도 이런 우화를 지어냈을 거야. 즉 신께서 늘 다투는 그 둘을 화해시키려 했지만 그럴 수 없자 둘의 머리를 함께 매었다고, 그래서 둘 중 하나가 나타나는 곳에는 반드시 다른 것도 뒤따라 나타난다고 말일세. 똑같은 일이 나에게도 일어나는 것 같네그려. 나는 족쇄 때문에 다리가 아팠는데, 그 결과 지금은 쾌감이 나를 찾아온 것 같으니 말일세."

그러자 케베스가 끼어들었어요. "소크라테스 선생님, 선생님 말씀을 들으니 마침 생각나는 게 있어요. 전에는 다른 사람들이 그러더니, 그저께는 에우에노스[25]가 내게 묻더군요. 평소 시라고는 짓지 않던 선생님께서 감옥에 들어오신 뒤로는 무슨 생각으로 아이소포스의 우화들을 운문으로 고쳐 쓰고 아폴론에게 찬가를 지어 바치는 등 작시 활동을 하시냐고 말예요. 에우에노스가 다시 내게 물어올 경우—그는 틀림없이 그럴 거예요—내가 대답할 수 있기를 선생님께서 원하신다면, 내가 어떻게 대답해야 하는지 말씀해주세요."

그러자 그분께서 말씀하셨어요. "케베스, 그에게 사실대로 말하게. 내가 시를 지은 것은 그나 그의 시와 경쟁하기—그게 쉽지 않으리라는 것을 나는 잘 알고 있으니까—위해서가 아니라, 모종의 꿈이 의미하는 바가 무엇인지 알아내고, 그 꿈들이 내게 실행하라고 명령한 것이 바로 시가(詩歌)일 경우 내 신성한 임무를 완수하기 위해서였다고 말일세. 그 꿈이란 다음과 같은 것이었네. 나는 지금까지 살아오며 가끔 같은 꿈을 꾸곤 했

---

23 소크라테스에게는 아들이 셋 있었다.

24 아이소포스(Aisopos)는 우화 작가 이솝의 그리스어 이름이다.

25 『소크라테스의 변론』 20a~c 참조.

는데, 그때그때 겉모습은 달라도 하는 말은 언제나 같았네. 그 꿈은 '소크라테스, 시가[26]를 지어 시가에 힘쓰도록 하라!'고 말했지. 전에는 그 꿈이 내가 하던 일을 계속해서 하라고 나를 성원하고 격려하는 줄 알았지. 구경꾼들이 달리기 선수들을 응원하듯, 그 꿈은 내가 하던 바로 그 일, 즉 시가를 짓는 일을 하라고 나를 격려하는 줄 알았단 말일세. 철학이야말로 가장 위대한 시가이고, 내가 하던 일은 바로 철학이었으니까. 그러나 지금은 재판도 끝나고 신의 축제가 내 사형 집행을 막아주고 있는 터라, 그 꿈이 나에게 하라고 명령하는 것이 통속적인 의미의 시가일 경우 나는 꿈의 뜻을 거역할 것이 아니라 당연히 시가를 지어야 한다고 생각했다네. 그러니까 꿈이 시키는 대로 시를 지음으로써 내 신성한 임무를 완수하기 전에는 이승을 떠나지 않는 것이 더 안전하다고 생각한 거지. 그래서 나는 먼저 이번 축제의 주인이신 신을 기리기 위해 찬가를 지었다네. 그리고 신에게 찬가를 지어 바치고 나서 진정한 시인이 되려는 사람은 담론보다는 이야기를 지어내야 한다고 생각했지. 그런데 나는 원래 이야기꾼이 아닌지라 마침 내가 갖고 있고 알고 있는 이야기들을 이용했다네. 내가 맨 먼저 입수한 아이소포스의 우화들을 운문으로 고쳐 썼단 말일세. 그러니 케베스, 에우에노스에게 그렇게 전하게나. 그리고 그에게 안부 전하면서 그가 지혜롭다면 되도록 속히 내 뒤를 따르라고 말해주게. 나는 아마 오늘 떠날 것 같네. 아테나이인들이 그렇게 명령하니까."

그러자 심미아스가 말했어요. "소크라테스 선생님, 어째서 에우에노스에게 그러라고 권하시는 거지요? 나는 벌써 여러 번 그 사람을 만났는데, 내가 알기로 그는 선생님께서 권하시는 대로 자발적으로 따를 위인이 아니에요."

"왜 그렇지? 에우에노스는 철학자가 아닌가?" 하고 그분께서 물으셨어요.

"나는 그가 철학자라고 생각해요" 하고 심미아스가 말했지요.

"그러면 에우에노스는 물론이고 진심으로 철학에 전념하는 사람이라면 누구나 자발적으로 내가 권하는 대로 할 것이네. 하지만 그는 자살하지는 않을 거야. 사람들이 말하기를, 그것은 옳지 못하다고 하니까." 그렇게 말하며 그분께서는 두 다리를 땅바닥에 내리시더니 나머지 담론이 계속되는 동안 그런 자세로 앉아 계셨어요.

그러자 케베스가 그분에게 물었어요. "소크라테스 선생님, 자살하는 것은 옳지 않다고 하시면서 철학자는 죽어가는 사람의 뒤를 자진해서 따를 것이라니, 그게 대체 무슨 뜻이지요?"

26 mousike.

"이보게, 케베스! 자네와 심미아스는 필롤라오스[27]와 함께 하면서 그런 말도 들어보지 못했는가?"

"명확한 것은 아무것도 듣지 못했어요, 소크라테스 선생님."

"실은 나도 남에게 들은 것을 전하는 것이라네. 하지만 내가 들은 것을 자네들에게 아낌없이 말해주겠네. 곧 저승으로 떠날 사람에게는 저승으로의 여행이 대체 어떤 것인지 우리가 생각하는 바를 고찰하고 이야기하는 것이야말로 아마도 가장 적절할 테니 말일세. 해 질 때까지 남은 시간 동안 그 밖에 무엇을 할 수 있겠나?"

"소크라테스 선생님, 무슨 이유로 사람들은 자살하는 것이 옳지 못하다고 말하는 거죠? 방금 선생님께서 물으신 것과 관련하여 나는 필롤라오스가 테바이에 체류할 때 그분에게서도 들었고, 그전에도 몇몇 사람에게서 들었어요. 그런 일을 해서는 안 된다고 말예요. 하지만 그 점과 관련해 어느 누구에게도 명확한 설명은 듣지 못했어요."

"낙담하지 말게. 곧 명확한 설명을 들을 테니. 자네는 이상하다 싶겠지. 모든 규범 중에서 사는 게 죽는 것보다 낫다는 규범만 절대적이라면 말일세. 여느 경우와 달리 때와 사람에 따라 사는 것보다 죽는 것이 더 나은 일은 절대로 있을 수 없다면 말일세. 그리고 죽는 게 더 나은 사람이라도 스스로 자기를 돕는 것은 불경하고 다른 은인이 나타나기를 기다려야 한다면, 자네는 이 또한 이상하다 싶을 것이네.”

그러자 케베스가 싱긋이 웃으며 자기 고향 사투리로 말했어요. “제우스께서는 알고 계시겠지요.”

소크라테스 선생님께서 말씀하셨어요. “사실 그렇게 말하면 불합리하다고 생각될 거야. 하지만 거기에는 일리가 있는 것 같아. 이에 관해서는 비교(秘敎) 쪽에서 설명한 것이 있는데, 우리는 일종의 감옥에 갇혀 있으며, 어느 누구도 그 감옥에서 벗어나거나 탈출해서는 안 된다는 것이네. 이런 교리는 좀 거창해 보이고 완전히 이해하기란 쉽지 않을 것 같아. 그렇지만 케베스, 신들은 우리의 수호자들이고, 우리 인간은 신들의 소유물 가운데 하나라는 말은 옳은 것 같아. 자네는 그렇게 생각하지 않나?”

“나도 그렇게 생각해요” 하고 케베스가 말했어요.

그분께서 말씀하셨어요. “그러면 소유물이 죽기를 원한다는 신호를 자네가 보내지도 않았는데 자네 소유물 가운데 하나가 자신을 죽인다면 자네는 화나지 않을까? 그래서 자네에게 벌줄 방도가 있다면 그것을 벌주지 않을까?”

---

27 필롤라오스(Philolaos)는 퓌타고라스학파 철학자로, 고향인 남이탈리아에서 추방당한 뒤 테바이에 정착했다.

"물론 벌주겠지요."

"그렇게 본다면 지금 우리에게 내려진 것과 같은 필연적인 상황을 신께서 내려보내기 전에는 어느 누구도 자신을 죽여서는 안 된다고 말하는 것은 불합리하지 않을 듯하네."

케베스가 말했어요. "그럴 것 같네요. 하지만 그렇다면 철학자는 가벼운 마음으로 기꺼이 죽을 것이라고 방금 선생님께서 말씀하신 것은 앞뒤가 맞지 않는 것 같아요, 소크라테스 선생님. 신은 우리의 수호자이시고 우리는 신의 소유물이라는 잠시 전의 우리 주장이 옳은 것이라면 말예요. 가장 지혜로운 자들이 가장 훌륭한 감독인 신들의 보살핌에서 벗어나면서도 언짢아하지 않는다는 것은 논리에 맞지 않아요. 그도 그럴 것이, 지혜로운 사람이라면 신들의 보살핌에서 벗어났다고 해서 자신을 더 잘 보살필 수 있으리라고 믿지 않을 테니까요. 어리석은 자는 아마도 주인에게서 벗어나야 한다는 생각만 하고, 좋은 주인은 피할 것이 아니라 되도록 오랫동안 함께해야 한다는 생각은 하지 못할 거예요. 그리하여 어리석은 자는 지각없이 도주하겠지요. 그러나 지각 있는 사람은 틀림없이 자기보다 더 나은 사람과 언제나 함께하고 싶어할 거예요. 그렇게 본다면, 소크라테스 선생님, 방금 우리가 말한 것과는 정반대가 될 것 같아요. 지혜로운 사람들은 죽으면 언짢아하고, 바보들은 죽으면 기뻐할 것 같단 말이지요."

소크라테스 선생님께서는 그 말을 듣고는 케베스의 탐구심이 마음에 드는 듯 우리를 바라보며 말씀하셨소. "보다시피 63a 케베스는 늘 꼬치꼬치 따지며, 누가 무슨 말을 해도 당장에는 받아들이려 하지 않아."

그러자 심미아스가 말했어요. "소크라테스 선생님, 내 생각에도 케베스 말이 일리가 있는 것 같아요. 진정으로 지혜로운 사람들이 도대체 왜 자기들보다 더 나은 주인들을 피해 가벼운 마음으로 떠난다는 거죠? 내 생각에 케베스는 선생님을 염두에 두고 그런 말을 하는 것 같아요. 선생님께서 스스로도 인정하셨듯이 훌륭한 통치자인 신들과 우리 곁을 부담감 없이 그토록 가벼운 마음으로 떠나시기 때문이지요."

"자네들 말이 옳아. 그런데 자네들은 이에 대해 내가 마치 법정에서처럼 변론을 해야 한다고 생각하는 것 같구먼."

"그래요" 하고 심미아스가 말했지요.

"그러면 자, 내가 자네들을 상대로 배심원들을 상대로 했을 때보다 더 설득력 있는 변론을 할 수 있도록 해주게. 심미아스와 케베스! 만약 내가 우선 지혜롭고 선하신 다른 신들[28] 곁으로, 다음으로는 이승 사람들보다 더 훌륭한 고인(故人)들 곁으로 가게 될 것이라는 믿음이 없다면, 내가 죽음을 슬퍼하지

---

28 여기서는 저승의 신들.

파이돈
/
123

않는 것은 잘못된 짓이겠지. 하지만 자네들은 잘 알아두게. 나는 선한 사람들 곁으로 갈 것을 기대하고 있네. 이 점은 내가 확신을 갖고 장담할 수는 없네. 그렇지만 명심해두게. 선하디선한 주인들인 신들 곁으로 가게 된다는 것은 장담할 수 있네. 이 문제와 관련해 내가 뭔가를 장담할 수 있다면 말일세. 그래서 나는 슬퍼하기는커녕 오히려 사후에는 어떤 미래가, 오래전부터 전해오듯 악인들보다는 선인들에게 훨씬 더 좋은 미래가 사람들을 기다리고 있다고 낙관하는 것이지."

심미아스가 말했어요. "그러면 어떡하시겠다는 거죠, 소크라테스 선생님? 선생님께서는 그런 신념을 혼자 간직하신 채 떠나시렵니까, 우리에게도 나누어주시렵니까? 나는 우리도 그런 혜택을 누릴 자격이 있다고 생각해요. 동시에 만약 선생님께서 우리를 설득하신다면, 그것이 선생님께는 곧 변론이 될 거예요."

그분께서 말씀하셨어요. "해보겠네. 그런데 여기 있는 크리톤이 아까부터 내게 할 말이 있는 것 같으니, 먼저 그게 무엇인지부터 알아보세!"

크리톤께서 말씀하셨어요. "다름 아니라 소크라테스, 자네에게 독약을 건네기로 한 사람이 되도록이면 말을 적게 하라고 자네에게 일러달라고 아까부터 나를 조른다네. 말을 하면 체온이 높아지는데, 체온이 높아지면 때로는 독약을 두 배 또는 세

배를 마셔야 하니 독약을 마실 때는 체온이 높아지면 안 된다
고 하네."

소크라테스 선생님께서 말씀하셨어요. "그 사람에게는 신
경 쓸 것 없네. 두 배를 준비하든 필요하면 세 배를 준비하든,
그 사람에게 자기 일이나 잘하라고 하게."

"그렇게 대답할 줄 알고 있었네. 하지만 그자는 아까부터
귀찮게 졸라대고 있다네" 하고 크리톤께서 말씀하셨어요.

그분께서 말씀하셨어요. "그 사람은 내버려두게. 나는 자
네들을 배심원이라고 여기고, 내가 어째서 평생 진심으로 철학
에 전념한 사람은 죽음을 맞아 자신감을 갖게 되고, 죽은 뒤 저
승에 가서 가장 큰 상을 받을 것으로 낙관한다고 생각하는지
그 까닭을 말해보겠네. 심미아스와 케베스, 그게 어떻게 가능
한지 내 자네들에게 설명해보겠네. 보통 사람들은 잘 모르겠지
만, 철학에 진심으로 전념하는 사람들은 죽는 것과 죽음 이외
에는 아무것도 추구하지 않아. 그것이 사실이라면, 평생 죽는
것과 죽음만을 추구하던 사람이 오래전부터 바라고 추구하던
것이 다가왔다고 해서 화를 내는 것은 이상한 일이지."

그러자 심미아스가 웃으며 말했어요. "소크라테스 선생
님, 제우스에 맹세코, 나는 지금 전혀 웃을 기분이 아닌데 선
생님께서 나를 웃게 만드셨어요. 아마 대부분의 사람은 철학자
에 대한 선생님의 말씀을 지당하다고 생각할 것이며, 내 동향

인들[29]도 동의할 거예요. 철학자들은 사실상 죽은 자들이며, 철학자들은 죽는 것이 마땅하다는 것쯤은 대부분의 사람이 안다고요."

"그래, 심미아스. 그들의 말이 사실일지도 모르지. 자기들도 안다는 주장 말고는. 그들은 진정한 철학자가 어떤 의미에서 사실상 죽었는지, 어떤 의미에서 죽어 마땅한지, 어떤 종류의 죽음을 맞아야 죽어 마땅한지 모르기 때문이지. 아무튼 그들에게는 신경 쓰지 말고 우리끼리 논의해보세. 우리는 죽음이라는 것이 있다고 믿는가?" 하고 그분께서 말씀하셨어요.

"물론이지요" 하고 심미아스가 대답했어요.

"죽음은 바로 혼이 몸에서 분리되는 것이겠지? 또한 죽었다는 것은 몸이 혼에서 분리되어 혼자 있고, 혼이 몸에서 분리되어 혼자 있는 상태겠지? 죽음이 그것 말고 다른 것일 수 있을까?"

"아니에요. 바로 그거예요" 하고 심미아스가 대답했어요.

"그렇다면 여보게, 자네도 내 말에 동의하는지 생각해보게. 그러면 우리가 고찰하는 바를 더 잘 알 것 같으니까. 자네는 먹을거리나 마실 거리 같은 이른바 즐거움을 추구하는 것이 철학자가 할 일이라고 생각하나?"

"전혀 아니에요, 소크라테스 선생님" 하고 심미아스가 말했습니다.

"성적 쾌락은 어떤가?"

"전혀 아니에요."

"몸을 보살피는 일과 관련된 그 밖의 다른 쾌락들은 어떤가? 자네는 철학자가 그런 것들을 높이 평가하리라고 생각하나? 이를테면 맵시 있는 옷이나 구두나 다른 장신구를 마련하는 것 말일세. 자네는 철학자가 그런 것들을 중히 여길 것이라고 생각하나, 아니면 자기에게 꼭 필요한 경우를 제외하고는 경멸할 것이라고 생각하나?"

"경멸할 것 같아요, 진정한 철학자라면 말예요" 하고 심미아스가 말했어요.

소크라테스 선생님께서 물으셨어요. "그러니까 대체로 자네는 철학자가 몸에는 관심을 두지 않고 되도록 몸에서 떨어져 혼을 지향하는 것으로 생각한다는 말인가?"

"그렇게 생각해요."

"그러면 우선 몸의 쾌락과 관련해 철학자는 혼을 몸과의 결합에서 최대한 분리한다는 점에서 보통 사람들과 다르다는 것이 밝혀진 셈이네."

"그런 것 같아요."

"심미아스, 대부분의 사람은 그런 종류의 쾌락에서 쾌감

---

29 보이오티아인들은 무식하고 촌스럽기로 유명했다.

을 느끼지 못하고 그런 일에 관여하지 않는 사람은 살 가치가 없다고 생각할 것이네. 오히려 그들은 몸을 통한 쾌락을 완전히 무시하는 사람은 죽은 사람에 가깝다고 여길 것이네."

"전적으로 옳은 말씀이에요."

"그렇다면 지식을 습득하는 건 어떤가? 누가 몸을 탐구의 동반자로 삼을 경우 몸은 방해가 되는가, 되지 않는가? 내 말은 이런 뜻이네. 시각과 청각은 인간에게 진실을 전달하는가, 아니면 시인이 늘 읊어대듯 우리는 아무것도 정확하게 듣지도 보지도 못한다는 게 사실인가? 이들 감각이 정확하지도 확실하지도 않다면, 나머지 감각도 정확하고 확실하기 어려울 걸세. 다른 감각들은 모두 이 두 감각보다 열등하니까. 자네는 그렇다고 생각하지 않나?"

"물론 그렇게 생각하지요" 하고 심미아스가 말했어요.

"그러면 혼은 언제 진리를 파악하는가? 혼이 몸을 동반해 무언가를 고찰하려고 할 때마다 몸에 의해 오도당할 게 빤하다면 말일세" 하고 그분께서 말씀하셨어요.

"옳은 말씀이에요."

"어떤 실재가 어디선가 혼에게 명확히 드러난다면 그것은 사유 속에서가 아닐까?"

"그렇지요."

"그리고 혼이 가장 잘 사유하는 것은 청각이나 시각이나 고통이나 쾌감 등으로 주의가 산만해지지 않을 때일세. 혼이 몸과 분리되어 되도록 혼자 있고, 몸과의 접촉이나 공존을 최소화하며 실재를 추구할 때라는 말일세."

"그야 그렇지요."

"그렇다면 철학자의 혼이야말로 몸을 가장 무시하고 몸에서 달아나 혼자 있으려 하지 않을까?"

"그런 것 같아요."

"심미아스, 다음은 어떤가? 우리는 정의 자체가 있다고 말하는가, 그런 것은 없다고 말하는가?"

"제우스에 맹세코, 우리는 있다고 말하지요."

"그러면 미 자체와 선 자체도 있다고 말하는가?"

"물론이지요."

"자네는 이 가운데 어느 것이라도 눈으로 본 적이 있는가?"

"본 적 없어요" 하고 심미아스가 대답했어요.

"자네는 몸의 다른 감각을 통해 그런 것들을 파악한 적이 있는가? 여기서 '그런 것들'이란 키, 건강, 체력 같은 것을 두루 일컫는 말이네. 한마디로, 존재하는 모든 개체의 본성 말일세. 이런 것들에 대해 가장 올바른 견해를 갖게 되는 것은 몸을 통해서인가, 아니면 사실은 다음과 같은가? 우리 가운데 고찰의 개별 대상을 가장 잘, 가장 정확하게 사유할 준비가 된 사람이 그에 관한 인식에 가장 가까이 다가가는 것일까?"

"그야 물론이지요."

"그렇다면 사유할 때 시각을 이용하거나 기타 다른 감각을 사유 속으로 끌어들이지 않고 가능한 한 사유만으로 개별 대상에 접근하는 사람이 가장 완벽하게 그럴 수 있을 것이네. 눈과 귀는 물론이고 사실상 몸 전체와 가능한 한 분리시켜 오염되지 않은 순수한 대상에 오염되지 않은 순수한 사유를 사용함으로써 진리를 추구하는 사람 말일세. 몸이 혼과 함께하면 혼을 혼란에 빠뜨려 혼이 진리와 지혜에 이르지 못하도록 방해하기 때문일세. 심미아스, 누군가 실재에 도달한다면 바로 그런 사람이 아닐까?"

"지당한 말씀이에요, 소크라테스 선생님" 하고 심미아스가 말했지요.

그분께서 말씀하셨어요. "그렇다면 이런 이유들 때문에 진정한 철학자들은 필시 그런 신념을 갖고 서로 이런 말을 주고받을 것이네. '혼란에서 벗어날 수 있도록 우리를 인도하는 일종의 오솔길이 있지요. 우리가 몸을 갖고 있고 우리 혼이 육체라는 악에 오염되어 있는 한 우리는 바라는 것, 즉 진리를 충분히 획득하지 못할 것이 확실하니 말이오. 몸은 필요한 자양분을 섭취하느라 수천 가지 방법으로 우리를 바쁘게 만드오. 그리고 몸이 병에 걸리기라도 하면 병이 우리의 진리 탐구를 방해하오. 게다가 몸은 우리를 욕구와 욕망과 두려움과 온갖 환상과 수많은 어리석은 생각으로 가득 채워, 우리는 몸 때문에 정말이지 말 그대로 아무것도 생각할 수 없소. 전쟁과 내란과 전투는 바로 몸과 몸의 욕망에서 비롯되오. 모든 전쟁은 부를 획득하려는 욕구에서 비롯되는데, 우리는 몸을 섬기는 노예이니만큼 몸 때문에 부를 획득하지 않을 수 없기 때문이지요. 그리하여 이 모든 것 때문에 너무 바빠서 우리에게는 철학할 여가가 없는 거요. 그러나 가장 고약한 것은, 우리가 몸의 요구에서 벗어나 여가가 생겨 뭔가를 고찰하려 하면 이번에도 몸이 우리의 탐구 과정 곳곳에 끼어들어 소음과 소란과 공포감을 불러일으키면서 우리가 진리를 보지 못하게 방해한다는 것이오. 그러니 우리가 어떤 사물에 대해 순수한 지식을 갖고자 한다면 몸에서 벗어나 대상 자체를 혼 자체로 관찰해야 한다는 사실이 실제로 밝혀진 셈이오. 우리의 논의에 따르면, 우리가 추구하며 우리가 사랑한다고 말하는 지혜는 생전이 아니라 우리 사후에나 얻을 수 있을 것 같소. 몸과 함께해서는 어떠한 순수한 지식도 얻을 수 없다면, 지식은 어디에서도 얻을 수 없거나 아니면 사후에나 얻을 수 있거나, 둘 중 하나일 테니 말이오. 그때서야 혼은 몸과 분리되어 혼자 있게 되고, 그전에는 그렇게 되지 않을 테니까요. 그러니 생전에 우리가 지식에 가장 가까이 다가갈 수 있는 방법은 몸과 어울리거나 필요 이상으로 몸과 함께하는 것을 되도록 피하는 것이오. 또한 우리가 몸의 본성에 오염되지

d

e

67a

않게 하고, 신께서 친히 우리를 해방시켜주실 때까지 자신을 몸으로부터 정화하는 것이오. 그러면 우리가 몸의 어리석음에 오염되는 것을 피할 수 있을 것이오. 그리고 우리는 같은 부류의 사람들과 함께할 것이며, 우리 자신을 통해 순수하고 오염되지 않은 것 일체를 알게 될 텐데, 나는 감히 그것이 바로 진리라고 말하겠소. 순수하지 못한 자가 순수한 것에 도달한다는 것은 사리에 맞지 않으니까요.' 심미아스, 제대로 배우기를 좋아하는 사람은 누구나 이런 말을 주고받을 것이며, 그렇게 믿을 것이라고 나는 생각하네. 내 말에 동의하는가?"

"동의하다마다요, 소크라테스 선생님."

그러자 소크라테스 선생님께서 말씀하셨어요. "여보게, 그것이 사실이라면, 지금 내가 가고 있는 곳에 도착한 사람은, 혹시 어딘가 그런 곳이 있다면, 바로 그곳에서 생전에 우리의 주된 관심사였던 것을 충분히 얻게 되리라고 기대해도 좋을 것이네. 그래서 나는 지금 내가 떠나라고 명령받은 여행에 큰 기대를 걸고 있으며, 그 점은 자신의 마음이 준비되어 있다고, 말하자면 정화되어 있다고 믿는 다른 사람도 마찬가지일 걸세."

"물론이지요" 하고 심미아스가 말했지요.

"한데 '정화'란 잠시 전 논의 때 언급한 바로 그것, 즉 혼을 되도록 몸에서 분리시키는 것으로 드러나고 있지 않은가? 몸의 각 부분에서 혼이 자신을 한데 모아 마치 족쇄에서 풀려나

듯 몸에서 풀려나 현재에도 미래에도 되도록이면 혼자 살도록
습관을 들이는 것 말일세."

"물론이지요" 하고 심미아스가 말했어요.

"혼이 그렇게 몸에서 풀려나고 분리되는 것, 바로 그것을
죽음이라고 하지 않는가?"

"그렇고말고요."

"그리고 혼을 풀려나게 하려는 사람들은 주로 또는 전적으
로 진정한 철학자이며, 철학자들의 관심사는 혼이 몸에서 풀려
나고 분리되는 것, 바로 그것일세. 그렇지 않은가?"

"그런 것 같아요."

"그렇다면 첫머리에서 말했듯이, 생전에 최대한 죽음에 가
까운 상태로 살아가도록 자신을 준비시키던 사람이 죽음이 다
가온다고 화를 낸다면 우스꽝스럽지 않겠나?"

"우스꽝스럽지요. 왜 아니겠어요?"

그분께서 말씀하셨어요. "그렇다면 심미아스, 진정한 철학
자는 사실은 죽는 것을 직업으로 삼으니, 모든 사람 중에서 죽
음을 가장 덜 두려워할 것이네. 이런 관점에서 고찰해보게. 만
약 그들이 몸과 완전히 사이가 나빠져서 혼 자체만을 갖기를
원한다면, 그런 일이 이루어질 때 두려워하고 화를 낸다는 것
은 아주 불합리하지 않은가? 일단 도착하기만 하면 그들이 평
생 갈구하던 지혜를 얻고, 사이가 나빠진 것과 함께하는 일에

서도 벗어날 그곳으로 기꺼이 가려고 하지 않는다면 말일세. 사실 애인이나 아내나 아들이 죽자, 그곳에 가면 그리워하던 사람과 상봉하고 재결합할 수 있으리라는 희망에 이끌려 자진해서 저승으로 간 사람이 한둘이 아닐세. 그런데도 진실로 지혜를 사랑하는 사람이 그와 비슷한 희망을 품으며 저승이 아닌 다른 곳에서는 어디서도 이렇다 할 지혜를 얻을 수 없다는 것을 알면서도 죽는 것에 화를 내며 저승으로 기꺼이 떠나려 하지 않는다고? 여보게, 그가 진정한 철학자라면 그것은 생각도 못할 일이네. 그는 저승이 아닌 다른 곳에서는 어디에서도 순수한 지혜를 찾아낼 수 없을 것이라고 확신할 테니 말일세. 또한 사실이 그렇다면, 내가 방금 말했듯이 그런 사람이 죽음을 두려워한다는 것은 매우 불합리하지 않나?"

"제우스에 맹세코, 매우 불합리해요" 하고 심미아스가 말했어요.

그분께서 말씀하셨어요. "따라서 죽게 되었다 해서 화를 내는 사람을 본다면, 이는 그가 지혜를 사랑하는 사람이 아니라 몸을 사랑하는 사람이라는 충분한 증거 아니겠는가? 그리고 그런 사람은 아마도 돈을 사랑하는 사람이거나 명망을 사랑하는 사람이거나, 아니면 둘 다일 것이네."

"선생님께서 말씀하신 그대로예요" 하고 심미아스가 말했어요.

그분께서 말씀하셨어요. "그렇다면 심미아스, 용기라 불리는 것은 누구보다도 그런 성향이 있는 사람들[30]의 소유물 아니겠는가?"

"전적으로 그렇지요" 하고 심미아스가 말했어요.

"대중이 절제라고 부르는 것, 곧 욕망에 휩쓸리지 않고 예의를 지키며 욕망을 무시하는 것도 몸을 완전히 무시하고 지혜를 사랑하며 살아가는 사람들의 전유물이 아니겠는가?"

"당연하지요" 하고 심미아스가 말했어요.

그분께서 말씀하셨어요. "그렇지. 만약 자네가 철학자가 아닌 다른 사람들의 용기와 절제를 고찰해보려고 하면 그것들이 불합리하다고 생각될 테니까."

"어째서 그렇지요, 소크라테스 선생님?"

그분께서 말씀하셨어요. "다른 사람들은 모두 죽음을 큰 재앙으로 여긴다는 것은 자네도 알고 있겠지?"

"그야 물론이지요" 하고 심미아스가 말했어요.

"그들 가운데 용감한 사람이 죽음을 참고 견딘다면 그것은 죽음보다 더 큰 재앙이 두렵기 때문이겠지?"

"그렇겠네요."

"그렇다면 철학자가 아닌 다른 사람들이 용감한 것은 모두

---

30 지혜를 사랑하는 사람들.

두려워하기 때문일세. 하지만 누가 두려워하고 비겁하기 때문에 용감하다는 것은 분명 불합리하네."

e

"물론이지요."

"그들 가운데 절제 있는 사람들은 어떤가? 이들 역시 무절제하기에 절제하는 것이 아닐까? 우리는 그것이 불가능하다고 말할지 모르지만, 그럼에도 이런 단순한 형태로 절제하는 사람들마저 내가 방금 말한 경우와 다를 바 없네. 이들은 자신이 원하는 다른 쾌락들을 잃을까봐 두려워하며, 그래서 다른 쾌락들에 제압되어 어떤 쾌락들을 삼가는 것이네. 사람들은 쾌락에 지

69a

배당하는 것을 무절제라고 부르지만, 이들이 어떤 쾌락들을 제압하는 것은 다른 쾌락들에 제압당했기 때문일세. 그리고 그것은 내가 방금 말한 것과 다를 바 없네. 어떤 의미에서 이들은 무절제 때문에 절제한다는 말일세."

"그런 것 같아요."

"그렇다네, 심미아스! 하지만 쾌락을 쾌락과, 고통을 고통과, 두려움을 두려움과, 더 큰 것을 더 작은 것과 동전처럼 교환하는 것은 도덕적 관점에서는 올바른 교환 방법이 아닌 듯하네. 이 모든 것과 교환해야 할 올바른 동전은 한 가지뿐인데, 그

b

것은 바로 지혜인 것 같네. 이 모든 것을 팔아서 사들여야 하는 것은 사실은 지혜란 말일세. 또한 용기와 절제와 정의는, 요컨대 진정한 미덕은 오직 지혜와 함께한다네. 쾌락과 두려움과 기

타 그런 종류의 것들이야 덧붙기도 하고 떨어져 나가기도 하겠지. 그런 것들이 지혜와 떨어져서 교환된다면, 그런 종류의 미덕은 일종의 환영(幻影)으로 노예에게나 어울리며, 건전하고 참된 면이라고는 전혀 없겠지. 사실상 절제와 정의와 용기는 그런 것들을 모두 정화하고, 지혜는 일종의 정화의식인데 말일세. 우리를 위해 비의(秘儀)를 창시한 사람들은 실은 못난 분이 아니라, 비의에 입문하지 않아 깨닫지 못한 채 저승에 이르는 사람은 진창에 눕겠지만 정화되어 깨달은 상태로 저승에 이르는 사람은 신들과 함께 살게 되리라고 오래전부터 수수께끼 같은 말을 해왔다네. 비의에 관여하는 사람들에 따르면, '튀르소스[31] 지팡이를 들고 다니는 사람들은 많지만, 진정한 박코스 신도는 적기' 때문이지. 그런데 내 생각에 진정한 박코스 신도는 바로 제대로 철학적인 삶을 산 사람들이네. 그리고 나는 그들 가운데 한 명이 되고자 평생 온갖 방법으로 최선을 다했고, 그러한 목적을 이루기 위해 할 수 있는 일은 빠짐없이 다 해봤다

---

31 디오뉘소스(Dionysos), 일명 박코스(Bakchos)의 신도들은 나르텍스(nar-thex)라는 식물의 줄기를 잘라서 지팡이처럼 들고 다녔는데, 이를 튀르소스(thyrsos) 지팡이라고 한다. 고대 그리스의 비의는 주로 전설적 가인 오르페우스, 주신(酒神) 디오뉘소스, 농업과 곡물의 여신 데메테르(Demeter), 그녀의 딸로 저승의 신 하데스(Hades)의 아내가 된 페르세포네(Persephone)와 관계가 있는데, 그중 아테나이 서쪽 20킬로미터 지점에 있는 도시 엘레우시스(Eleusis)에서 이들 세 신을 위해 개최하던 비의가 가장 규모가 컸다.

네. 우리가 제대로 노력하여 뭔가를 성취했는지는 잠시 뒤 신의 뜻에 따라 저승에 이르면 확실히 알게 될 것이라고 나는 생각하네."

그분께서는 이렇게 덧붙이셨지요. "심미아스와 케베스, 이상이 내가 자네들과 이승의 주인들[32] 곁을 떠나면서도 슬퍼하거나 화내지 않는 것이 얼마나 당연한 일인지 밝히기 위한 내 변론일세. 그것은 내가 이승 못지않게 저승에서도 훌륭한 주인과 동료들을 만나리라고 믿기 때문일세. 만약 내 변론이 아테나이 배심원들보다 자네들에게 더 설득력이 있다면, 나는 그것으로 만족하겠네."

소크라테스 선생님께서 그렇게 말씀하시자 케베스가 끼어들었어요.

"소크라테스 선생님, 선생님 말씀 가운데 다른 것은 탁월하다고 생각되지만, 혼에 관한 말씀은 사람들에게 많은 불신을 살 거예요. 사람들은 혼이 몸을 떠난 뒤에는 더 이상 어디에도 존재하지 않고, 사람이 죽는 그날 혼이 몸을 떠나자마자 파괴되고 해체된다고, 말하자면 혼은 몸 밖으로 나오면 숨결이나 연기처럼 흩어져 날아가버려 더는 어디에도 존재하지 않는다고 생각하니까요. 소크라테스 선생님, 물론 혼이 선생님께서 방금 열거하신 모든 재앙에서 벗어나 어딘가에 그 자체만으로 함께 모여 여전히 존재한다면, 선생님 말씀이 사실일 가능성이 높다고 기대해도 되겠지요. 하지만 사람이 죽은 뒤에도 혼은 여전히 존재하며 여전히 어떤 능력과 지혜를 갖는다고 믿으려면 적잖은 설득과 논증이 필요할 텐데요."

"자네 말이 옳아, 케베스" 하고 소크라테스 선생님께서 말씀하셨지요. "그래서 어떻게 할까? 자네는 과연 그럴 것 같은지 아닌지 알기 위해 이 주제에 관해 더 논의해보고 싶은가?"

"나는 기꺼이 듣고 싶어요" 하고 케베스가 말했어요. "선생님께서 이 주제에 관해 어떤 견해를 갖고 계신지 말예요."

"아마도" 하고 소크라테스 선생님께서 말씀하셨어요. "지금 우리가 하는 말을 들은 사람이라면 설령 그가 희극 작가라 해도 내가 수다를 떠느라[33] 나와 상관도 없는 일들을 논의하고 있다는 말은 못할 걸세. 자네도 동감이라면 이 문제를 고찰해보는 게 좋겠네. 그럼 죽은 사람들의 혼이 저승에 가 있느냐 그렇지 않으냐 하는 문제부터 고찰해보기로 하세. 우리가 기억하는 옛 전설에 따르면,[34] 죽은 사람들의 혼은 이승을 떠나 저승에 가 있다가 이승으로 돌아와 다시 태어난다는 거야. 그처럼 산 사람이 죽은 사람에게서 다시 태어난 것이 사실이라면, 우리

---

32 62e~63a 참조.

33 예컨대 아리스토파네스의 희극 『구름』에서 소크라테스와 그의 제자들은 돈을 받고 지식을 파는 소피스트로 희화화되고 있다.

34 63c, 69c 참조.

혼은 당연히 저승에 가 있어야 할 것 아닌가? 혼이 존재하지 않

는다면 다시 태어날 수 없을 테니까. 그리고 산 사람이 바로 죽은 사람에게서 태어난다는 것이 실제로 밝혀진다면, 그런 주장이 옳다는 충분한 증거가 될 것이네. 그러나 그렇지 않다면 다른 논증이 필요하겠지."

"물론이지요" 하고 케베스가 말했어요.

"자네가 더 쉽게 이해하고 싶다면" 하고 그분께서 말씀하셨어요. "인간뿐 아니라 모든 동식물과 관련해서도 이 문제를 고찰해보도록 하게. 생기는 모든 것이 대체로 그렇게 생기는

지, 말하자면 대립되는 것이 있을 경우 바로 그 대립되는 것에서 생기는지 살펴보기로 하세. 이를테면 아름다운 것은 추한 것과, 옳은 것은 옳지 못한 것과 대립되는데, 그런 경우는 부지기수일세. 그래서 대립되는 것이 있는 것은 바로 그 대립되는 것에서 생기는 것이 필연적인지 살펴보기로 하자는 말일세. 예컨대 어떤 것이 더 커진다면 필연적으로 전에는 더 작았던 것이 더 커진 것이겠지?"

"그렇지요."

"마찬가지로 그것이 더 작아지면 필연적으로 전에는 더 컸

던 것이 나중에 더 작아진 것이겠지?"

"그렇지요" 하고 케베스가 말했어요.

"그리고 더 강한 것은 더 약한 것에서, 더 느린 것은 더 빠

른 것에서 생기겠지?"

"물론이지요."

"어떤가? 더 못한 것이 생긴다면 더 나은 것에서 생기고, 더 옳은 것이 생기면 더 옳지 못한 것에서 생기지 않을까?"

"왜 아니겠어요?"

"그렇다면" 하고 그분께서 말씀하셨어요. "모든 것이 그렇게 생긴다는 것이, 말하자면 대립되는 것에서 대립되는 것이 생긴다는 것이 충분히 입증된 셈이지?"

"물론이지요."

"어떤가? 이들 대립되는 것은 이런 특징이 있지 않을까? 서로 대립되는 쌍마다 그 사이에는 두 가지 생성과정이 있어 한 상태에서 다른 상태로, 나중 상태에서 처음 상태로 옮아가는 것이 아닐까? 그처럼 더 큰 것과 더 작은 것 사이에는 증가와 감소의 과정이 있어 우리는 한쪽은 증가한다고, 다른 쪽은 감소한다고 말하는 것이 아닐까?"

"그렇지요" 하고 케베스가 말했어요.

"분리와 결합, 냉각과 가열 따위도 모두 마찬가지 아닐까? 비록 때로는 우리가 그 과정에 대해 이름을 대지 못한다 해도 그것들은 서로 대립되는 것에서 생기고, 한쪽에서 다른 쪽이 생긴다는 원리는 사실상 보편타당한 것이 아닐까?"

"물론이지요" 하고 케베스가 말했어요.

파이돈

"어떤가?" 하고 그분께서 말씀하셨어요. "자고 있는 것이 깨어 있는 것에 대립되듯, 살아 있는 것에 대립되는 것이 있을까?"

"물론이지요" 하고 케베스가 대답했어요.

"그게 뭐지?"

"죽어 있는 것이지요" 하고 케베스가 대답했어요.

"그러니 이것들이 대립되는 것이라면 이것들은 서로에게서 생기고, 이들 둘 사이에는 두 가지 생성과정이 있네."

"왜 아니겠어요?"

"내 자네에게 방금 말한 대립되는 두 쌍 가운데 한 쌍과 그것들의 생성과정을 말해줄 테니," 하고 그분께서 말씀하셨어요. "자네는 다른 한 쌍을 말해주게. 내가 말하고자 하는 것은 자고 있는 것과 깨어 있는 것인데, 자고 있는 것은 깨어 있는 것에서 생기고 깨어 있는 것은 자고 있는 것에서 생기네. 이것들의 생성과정 가운데 하나는 잠드는 것이고, 다른 하나는 깨어나는 것일세. 이 정도면 충분한가, 아니면 불충분한가?" 하고 그분께서 물으셨어요.

"충분하다마다요."

"그렇다면" 하고 그분께서 말씀하셨어요. "자네는 삶과 죽음에 대해서도 그런 식으로 말해주게. 자네는 죽어 있는 것이 살아 있는 것과 대립된다고 말하겠지. 그렇지 않은가?"

"나는 그렇게 말하지요."

"그리고 그것들은 서로에게서 생긴다고 말하겠지?"

"네."

"그러면 살아 있는 것에서 생기는 것은 뭐지?"

"죽어 있는 것이지요" 하고 케베스가 말했어요.

"그렇다면 죽어 있는 것에서 생기는 것은 뭐지?" 하고 그분께서 물으셨어요.

"살아 있는 것이라고 인정하지 않을 수 없군요" 하고 케베스가 말했어요.

"그렇다면 케베스, 살아 있는 것들과 살아 있는 사람들은 죽어 있는 것들에서 태어나네."

"그런 것 같아요."

"그렇다면 우리의 혼은 저승에 가 있겠군" 하고 그분께서 말씀하셨어요.

"그런 것 같아요."

"그렇다면 이 경우 두 가지 생성과정 가운데 한 가지는 분명하네. 죽는다는 것은 분명하니까 말일세. 그렇지 않은가?"

"물론이지요" 하고 케베스가 말했어요.

그러자 그분께서 물으셨지요. "그렇다면 우리는 어떻게 할까? 그와 대립되는 생성과정을 생략하여 이 경우 자연이 절름발이가 되게 할까? 아니면 죽는 것에 대립되는 생성과정을 제시해야 할까?"

"당연히 제시해야겠지요" 하고 케베스가 말했어요.

"그게 뭐지?"

"되살아남이지요."

72a "되살아남과 같은 것이 있다면, 그것은 죽어 있는 사람에게서 살아 있는 사람으로의 생성과정이겠지?" 하고 그분께서 물으셨어요.

"물론이지요."

"그러니 우리는 살아 있는 사람에게서 죽어 있는 사람이 태어난다는 것 못지않게 죽어 있는 사람에게서 살아 있는 사람이 태어난다는 것에 대해서도 합의한 셈이네. 또한 그렇다면, 그것은 죽은 사람의 혼이 어디에 가 있다가 거기에서 다시 태어난다는 것을 입증해줄 충분한 증거가 되리라고 생각되네."

"소크라테스 선생님," 하고 케베스가 말했어요. "우리 사이의 합의사항에 따르면 그럴 수밖에 없을 것 같아요."

"케베스, 이 문제를 다음과 같이 생각해보면" 하고 그분께서 말씀하셨어요. "우리의 합의사항이 잘못된 것이 아니라는 것을 자네는 알게 될 걸세. 만약 대립되는 둘 사이의 생성과정이 마치 원을 그리듯 언제나 서로 균형을 이루지 않고, 생성이 한 점에서 그와 대립되는 점을 향해 일직선으로 나아가고 출발점으로 되돌아오거나 굴절되지 않는다면, 종국에는 모든 것이 같은 모습을 띠고 같은 처지가 되어 생성하기를 멈출 것이라는 점을 자네는 알겠는가?"

"무슨 말씀이신지요?" 하고 케베스가 물었어요.

그러자 그분께서 말씀하셨어요. "이해하기 어려운 말이 아닐세. 예컨대 잠드는 것은 있지만 거기에 대립되는 깨어남의 과정이 없다면, 종국에는 모든 것이 엔뒤미온[35]의 이야기를 무의미한 것으로 만들어버릴 것이라는 점을 자네는 알아야 하네. 모든 것이 그와 똑같이 잠들어 있다면 영원한 잠이 무슨 의미가 있겠나. 또한 모든 것이 결합되고 아무것도 분리되지 않는다면, '만물은 뒤섞여 있었다'는 아낙사고라스[36]의 말이 곧 현실이 될 것이네. 마찬가지로 여보게 케베스, 만약 살아 있는 모든 것이 죽고, 죽은 뒤에는 죽은 상태로 머물며 되살아나지 않는다면, 종국에는 필시 모든 것은 죽어 있고 살아 있는 것은 아무것도 없는 사태가 벌어질 수밖에 없지 않을까? 그도 그럴 것이, 살아 있는 것이 살아 있는 다른 것에서 생긴다 해도 살아 있는 것이 모두 죽는다면, 모든 것이 죽어 없어지는 것을 무슨 수로 막을 수 있단 말인가?"

---

35 엔뒤미온(Endymion)은 달의 여신 셀레네(Selene)의 사랑을 받아 영원한 잠에 빠져들었다는 미소년이다.

36 『소크라테스의 변론』 26d와 주 24 참조. "만물은 뒤섞여 있었다"는 것은 태초의 혼돈상태를 말한다.

"그런 수단은 하나도 없는 것 같아요, 소크라테스 선생님" 하고 케베스가 말했어요. "선생님 말씀이 지당한 것 같아요."

"케베스," 하고 그분께서 말씀하셨어요. "내가 보기에도 역시 그런 것 같네. 그러니까 우리는 되살아난다는 것도, 죽은 사람에게서 산 사람이 태어난다는 것도, 죽은 사람의 혼이 존재한다는 것도 모두 사실이라는 것에 합의했는데, 이는 우리가 속아서 그랬던 것은 아닌 셈이네."

케베스가 이렇게 말했어요. "게다가 소크라테스 선생님, 선생님께서는 우리가 배움[37]이라고 부르는 것은 상기(想起)[38] 이외의 다른 것이 아니라고 종종 주장하셨는데,[39] 그 이론이 사실이라면, 우리가 지금 상기하는 것은 언젠가 전에 우리가 배웠던 것임이 틀림없어요. 하지만 그런 일은 우리 혼이 인간의 형상으로 태어나기 전에 어딘가에 존재하지 않는다면 불가능해요. 그 이론에 따르더라도, 혼은 불멸의 존재인 것 같군요."

그러자 심미아스가 끼어들었어요. "한데 케베스, 그 증거가 뭐지? 내게 일깨워주게. 지금 당장은 잘 기억이 나지 않아서 그런다네."

케베스가 말했어요. "어느 탁월한 이론에 따르면, 사람들은 올바른 방법으로 질문을 받으면 언제나 저절로 올바른 대답을 하는데, 그것은 사람들에게 인식[40]과 올바른 설명이 내재하지 않으면 불가능하다는 걸세. 그래서 자네가 사람들에게 기하

학적 도형 같은 것을 보여주면, 그것이 사실임이 가장 확연하 ⟨b⟩
게 드러날 것이라는 거지."[41]

그러자 그분께서 말씀하셨어요. "그래도 납득되지 않으면, 심미아스, 문제를 다음과 같은 방법으로 고찰하는 데 동의하는 지 생각해보게나. 자네는 이른바 배움이 상기라는 주장을 불신 하니 말일세."

심미아스가 말했어요. "불신하는 게 아니라 나는 우리가 논의하고 있는 바로 그것, 즉 상기를 경험해보고 싶어요. 한데 케베스가 설명하려고 한 것만 듣고도 벌써 납득될 만큼 대충 기억이 나는군요. 그럼에도 나는 지금 선생님께서 어떻게 설명 하시는지 듣고 싶어요."

그분께서 말씀하셨어요. "나는 다음과 같은 방법으로 설명 ⟨c⟩
해보겠네. 만약 누가 무엇을 상기하려면 언젠가 전에 그것을 배 웠어야 한다는 점에 대해 우리는 합의했네."

"물론이지요" 하고 심미아스가 말했어요.

"그러면 그런 방법으로 인식이 생긴다면 그것이 상기라는

---

37 mathesis.
38 anamnesis.
39 플라톤, 『메논』(Menon) 81c~86c 참조.
40 episteme.
41 『메논』 81e 이하 참조.

데 대해서도 우리는 합의하는가? 어떤 방법이냐고? 그건 이런 방법일세. 만약 누가 어떤 사물을 보거나 듣거나 다른 감각기관으로 지각해 그 사물을 알 뿐만 아니라, 같은 인식이 아니라 다른 인식의 대상인 다른 사물도 생각난다면, 우리는 그의 마음속에 떠오르는 두 번째 사물을 그가 상기한다고 말하는 것이

d   옳지 않을까?"

"무슨 말씀이신지요?"

"이를테면 사람에 대한 인식과 뤼라[42]에 대한 인식은 분명 다른 것일세."

"왜 아니겠어요?"

"자기가 사랑하는 소년의 뤼라나 겉옷이나 그 밖의 애용품을 보면 그 소년을 사랑하는 연인들에게 어떤 일이 일어나는지 자네는 알고 있을 테지. 그들은 뤼라를 알아볼 뿐만 아니라, 그들의 마음속에는 그 뤼라의 임자인 소년의 모습이 떠오를 걸세. 그것이 상기일세. 마찬가지로 어떤 사람은 심미아스를 보면 번번이 케베스가 상기될 텐데, 그런 경우는 부지기수라네."

"제우스에 맹세코, 부지기수이지요" 하고 심미아스가 말했어요.

e   그분께서 말씀하셨지요. "그렇다면 그런 것이 일종의 상기겠지? 특히 우리가 오랫동안 보지 못해 잊고 있던 것들과 관련해서 그런 일이 일어난다면 말일세."

"물론이지요" 하고 심미아스가 말했어요.

그러자 그분께서 말씀하셨지요. "어떤가? 말이나 뤼라의 그림을 보고 사람을 상기하고, 심미아스 자네의 얼굴을 그린 그림을 보고 케베스를 상기할 수 있겠지?"

"물론이지요."

"또한 심미아스 자네의 얼굴을 그린 그림을 본 사람은 자네 자신도 상기할 수도 있겠지?"

"네" 하고 심미아스가 말했습니다. 74a

"그렇다면 이 모든 것들로 미루어 상기는 닮은 것에 의해 이루어지기도 하고, 닮지 않은 것에 의해 이루어지기도 하는 것이 아닐까?"

"그렇지요."

"그러나 닮은 것들에 의해 뭔가를 상기하는 사람이 있다면, 그는 필시 그것들이 상기되는 것과 완전히 닮았는지 부분적으로 닮았는지 생각하지 않을까?"

"필시 그러겠지요" 하고 심미아스가 말했어요.

그러자 그분께서 말씀하셨지요. "그러면 이것이 사실인지 살펴보게. 우리는 뭔가 같은 것이 있다고 말하네. 나무토막이 나무토막과 같고, 돌이 돌과 같은 것 등등을 말하는 것이 아

---

42   뤼라(lyra)는 고대 그리스의 발현악기이다.

니라 이 모든 것을 넘어서는 다른 어떤 것, 즉 같은 것 자체가 있다는 말일세. 우리는 그런 것이 있다고 할 텐가, 없다고 할 텐가?"

"제우스에 맹세코, 우리는 단연코 있다고 하겠어요" 하고 심미아스가 말했어요.

"우리는 그것이 무엇인지도 알고 있는가?"

"물론이지요" 하고 심미아스가 대답했어요.

"우리는 그것에 관한 인식을 어디에서 얻었는가? 방금 언급한 사물들로부터가 아닌가? 우리는 같은 나무토막들이나 돌들 따위를 봄으로써 그것들로부터 그것들과는 다른 것인 같은 것 자체에 대한 인식을 얻지 않았느냐는 말일세. 아니면 자네는 그것이 다른 것이라고 생각되지 않는가? 이 문제를 다음과 같이 살펴보게. 같은 돌들이나 같은 나무토막들은 같은 것이면서도, 어떤 사람에게는 같아 보이지만 때때로 다른 어떤 사람에게는 달라 보이지 않을까?"

"그야 물론이지요."

"어떤가? 실제로 같은 것들이 자네에게 같지 않은 것들로, 또는 같음이 같지 않음으로 보인 적이 있는가?"

"그런 적은 없었어요, 소크라테스 선생님!"

"그렇다면 앞서 말한 같은 것들[43]과 같은 것 자체는 같은 것이 아닐세" 하고 그분께서 말씀하셨어요.

"결코 같지 않아요, 소크라테스 선생님!"

"하지만 비록 이들 같은 것들이 같은 것 자체와는 다른 것이라 해도, 자네가 같은 것 자체에 대한 인식을 얻은 것은 단연 이들 같은 것들로부터일세."

"지당한 말씀이에요" 하고 심미아스가 말했어요.

"같은 것 자체는 이들 같은 것들과 닮았거나 닮지 않았겠지?"

"물론 닮았겠지요."

"어쨌거나 전혀 차이가 없네" 하고 그분께서 말씀하셨어요. "자네가 어떤 사물을 봄으로써 다른 사물을 생각하게 된다면, 두 사물이 닮았건 닮지 않았건 그것은 필연적으로 상기일 수밖에 없으니까." [^d]

"그야 물론이지요."

그러자 그분께서 말씀하셨어요. "어떤가? 같은 나무토막들과 방금 말한 그 밖의 다른 사물들과 관련해서도 우리는 같은 경험을 하게 되는가? 그것들은 같은 것 자체와 같은 의미에서 우리에게 같아 보이는가? 그것들은 같은 것 자체와 같아지기에는 뭔가 부족한 점이 있는가, 아니면 전혀 없는가?"

"부족한 점이 많지요" 하고 심미아스가 말했어요.

---

43 같은 돌들과 같은 나무토막들.

"그렇다면 어떤 사물을 보고는 '내가 지금 보고 있는 이 사물은 다른 사물이 되려 하지만 부족하여 그렇게 되지 못하니 초라한 모조품에 불과하구나!'라고 혼잣말을 할 때, 그런 생각을 하는 사람은 필시 자기가 보고 있는 사물이 닮았지만 부족하다고 말하는 다른 사물을 전에 알고 있었음이 틀림없다는 데 자네는 동의하는가?"

"그는 필시 알고 있었겠지요."

"어떤가? 그렇다면 이것은 같은 것들과 같은 것 자체와 관련해서 우리가 경험했던 것과 똑같은 것이 아닌가?"

"그렇고말고요."

"그렇다면 우리는 필시 우리가 같은 것들을 보고 그것들이 같은 것 자체와 같아지려고 하지만 거기에 미치지 못한다고 생각하기에 앞서 이미 같은 것 자체를 알고 있었음이 틀림없네."

"그렇지요."

"또한 우리는 이처럼 부족하다는 생각은 시각이나 촉각이나 그 밖의 다른 감각기관에 의하지 않고는 우리에게 떠오르지도 않았고, 떠오를 수도 없을 것이라는 데에도 합의했네. 그런데 나는 모든 감각을 같은 것으로 취급하네."

"소크라테스 선생님, 우리의 논의가 밝히고자 하는 바와 관련해서는 그것들은 같은 것이지요."

"그렇다면 우리가 느낄 수 있는 같은 것들이 모두 같은 것

자체를 추구하지만 거기에 미치지 못한다는 생각을 하는 것은
감각에 의해서일세. 내 말이 맞나?"

"네, 맞아요."

"그렇다면 우리는 같은 것들을 보고 듣고 다른 감각기관
으로 지각하기 전에 어딘가에서 같은 것 자체가 무엇인지 알고
있었음이 틀림없네. 그렇지 않다면 우리는 같은 것 자체를 비교
기준으로 사용함으로써 감각기관으로 지각할 수 있는 같은 것
들이 모두 같은 것 자체와 같아지기를 바라지만 거기에 미치지
못한다는 생각을 하지 못했을 테니까."

"그것은 당연한 결론이에요, 소크라테스 선생님."

"그런데 우리는 태어나자마자 보고 듣고 그 밖의 다른 감
각기관을 사용하지 않는가?"

"그야 물론이지요."

"그러면 우리는 그런 것들에 앞서 같은 것 자체가 무엇인
지 알고 있었음이 틀림없네. 우리 논리에 따른다면."

"네, 그래요."

"그렇다면 우리는 태어나기 전에 그것을 알고 있었음이 틀
림없네."

"그런 것 같아요."

"만약 우리가 태어나기 전에 그런 것을 알고 있고 태어날
때도 알고 있다면, 우리는 태어나기 전에도 태어날 때도 같은

/
153

것 자체뿐 아니라 더 큰 것과 더 작은 것 등등도 알고 있겠지? 지금 우리가 논의하는 것은 같은 것 자체 못지않게 아름다운 것 자체, 선한 것 자체, 옳은 것 자체, 경건한 것 자체는 물론이요, 단언컨대 우리가 묻고 대답하는 가운데 '자체'라는 말을 덧붙일 수 있는 모든 것에 적용되기 때문일세. 그러니 우리는 태어나기 전에 이런 것들을 모두 알고 있었음이 틀림없네."

"그렇지요."

"그리고 우리가 매번[44] 그런 것들을 알고 나서 잊어버리는 일이 없다면 우리는 늘 알고 태어나서 평생 동안 늘 알고 있을 것임이 틀림없네. '알고 있다'는 것은 일단 얻은 인식을 간직하고 잃어버리지 않는다는 것을 의미하니까. 우리가 '망각'이라고 부르는 것은 인식을 잃는 것을 뜻하는 것이 아닐까, 심미아스?"

"전적으로 옳은 말씀이에요, 소크라테스 선생님!" 하고 심미아스가 말했지요.

"그리고 우리가 태어나기 전에 인식을 얻었다가 태어나는 순간 잃어버렸지만 나중에 적절한 감각 훈련을 통해서 전에 갖고 있던 인식을 되찾는 것이 사실이라면, 우리가 '배움'이라고 부르는 것은 우리가 전에 갖고 있던 인식을 되찾는 것이 아닐까? 그러니 배움은 '상기'라고 부르는 것이 옳지 않을까?"

"물론이지요."

플라톤
/

"그렇지. 우리는 시각이나 청각이나 다른 감각기관을 통해 어떤 사물을 지각할 경우, 유사한가 유사하지 않은가를 떠나 잊어버렸던 다른 사물을 생각해내는 것이 가능하다는 것을 보았으니 말일세. 그래서 나는 둘 중 하나라고 주장하네. 즉 우리는 모두 이런 기준들을 알고 태어나 평생 그런 인식을 간직하거나, 아니면 우리가 배운다고 말하는 사람들은 전에 알던 것을 단순히 상기하는 것이어서 배움은 상기라고 말일세."

"그렇고말고요, 소크라테스 선생님!"

"자네는 어느 쪽을 택하겠나, 심미아스? 우리가 알고 태어난 쪽인가, 아니면 우리가 태어난 뒤 태어나기 전에 알고 있던 것들을 상기하는 쪽인가?"

"지금 당장은 어느 쪽을 택해야 할지 모르겠어요, 소크라테스 선생님!"

"어떤가? 여기 또 다른 선택 가능성이 있네. 자네 생각은 어떤가? 알고 있는 사람은 자기가 알고 있는 것을 설명할 수 있는가, 없는가?"

"당연히 설명할 수 있겠지요, 소크라테스 선생님!" 하고 심미아스가 대답했어요.

"자네는 지금 우리가 논의하는 것들을 누구나 다 설명할

---

44 윤회할 때마다.

수 있으리라고 생각하나?"

그러자 심미아스가 말했어요. "설명할 수 있으면 좋겠지요. 하지만 나는 내일 이맘때면 제대로 설명할 수 있는 사람이 세상에 아무도 없지 않을까 몹시 두려워요."

c

"그러니까 심미아스, 자네는 누구나 다 그것을 알고 있다고는 생각하지 않는다는 것인가?" 하고 그분께서 물으셨어요.

"전혀 그렇게 생각하지 않아요."

"그러면 그들은 언젠가 배운 것을 상기하는 것이겠구먼?"

"당연하지요."

"우리 혼은 언제 그런 것들을 알게 되는가? 아무튼 우리가 인간으로 태어난 뒤는 아닐 테고."

"물론 아니지요."

"그렇다면 태어나기 전이겠구먼."

"네."

"그렇다면 심미아스, 우리 혼은 사람의 모습을 취하기 전에도 몸과 떨어져 존재했고, 지혜도 갖고 있었겠구먼."

"우리가 태어나는 순간 그런 인식들을 얻는 것이 아니라면 그렇겠지요, 소크라테스 선생님. 그럴 시간은 아직도 남아 있으니까 말예요."

d

"좋아. 한데 여보게, 그런 인식을 우리는 언제 잃는가? 우리가 방금 합의한 바에 따르면, 우리는 태어날 때는 그런 인식을 갖고 있지 않으니 말일세. 그렇다면 우리는 그런 인식을 얻는 바로 그 순간 잃어버리는 것일까? 아니라면 자네는 다른 시간을 말해줄 수 있겠나?"

"전혀 그럴 수 없어요, 소크라테스 선생님. 내가 부지불식 중에 실언을 했군요."

그러자 그분께서 말씀하셨어요. "그렇다면 심미아스, 우리의 처지는 다음과 같은가? 만약 우리가 늘 되풀이해서 말하는 것들, 즉 아름다운 것, 선한 것 등등이 모두 실재한다면 그리고 우리가 태어나기 전에 이미 있었고, 우리가 지금 가지고 있음을 방금 우리가 발견한 이것들에 우리의 모든 감각을 연관짓고 비교하는 것이라면, 우리 혼도 우리가 태어나기 전에 존재한다고밖에 볼 수 없네. 그리고 그런 실재들이 존재하지 않는다면 우리 논의는 무의미해지겠지? 그러니까 실재들이 필연적으로 존재하듯 우리 혼도 태어나기 전에 필연적으로 존재하며, 전자가 없으면 후자도 없는 것인가?"

그러자 심미아스가 말했어요. "소크라테스 선생님, 내가 보기에 둘 다 필연적으로 존재한다는 것은 의심의 여지가 없고, 우리 논의가 우리 혼은 우리가 태어나기 전에도 존재하며 선생님께서 방금 말씀하신 실재도 그러하다는 결론에 도달하는 것은 적절한 듯해요. 아름다운 것과 선한 것과 선생님께서 방금 말씀하신 그 밖의 모든 것이 실재한다는 사실보다 더 명확한 것은 나에게는 아무것도 없어요. 그리고 내가 생각하기에 그것은 충분히 입증된 것 같아요."

"케베스는 어떻게 생각할까? 우리는 케베스도 납득시켜야 하니 말일세" 하고 소크라테스 선생님께서 말씀하셨어요.

그러자 심미아스가 말했지요. "아마 케베스도 충분히 납득할 거예요. 사실 그는 설득하기 가장 어려운 사람이지만, 우리가 태어나기 전에 우리 혼이 존재했다는 점을 충분히 납득했으리라고 나는 생각해요. 그러나 우리 혼은 우리가 죽은 뒤에도 계속 존재할 것이라는 점은 내가 보기에도 입증된 것 같지 않아요, 소크라테스 선생님! 오히려 아까 케베스가 말한 것이 여전히 마음에 걸리는군요. 인간이 죽는 순간 그의 혼은 흩어지고 그것으로 혼의 존재는 끝난다는 대중의 두려움 말예요. 그도 그럴 것이, 혼이 태어날 때 다른 것으로 이루어져 사람의 몸속에 들어가기 전에도 존재하는 것을 무엇이 막을 것이며, 혼이 사람의 몸속에 들어가더라도 다시 몸에서 분리될 때 혼 자체가 끝장나고 파괴되는 것을 무엇이 막겠어요?"

케베스가 말했어요. "자네 말이 옳네, 심미아스. 우리는 필요한 것을 반밖에 증명하지 못한 것 같으니까. 우리가 태어나기 전에도 우리 혼이 존재했다는 것 말일세. 이제는 우리 혼이 우리가 태어나기 이전 못지않게 우리가 죽은 뒤에도 존재한다는 것이 증명되어야 하네. 증명이 완결되려면 말일세."

그분께서 말씀하셨지요. "심미아스와 케베스, 그것은 이미 증명되었네. 만약 자네들이 지금 이 결론과, 우리가 앞서 도달한, 살아 있는 모든 것은 죽은 것에서 태어난다는 취지의 결론을 결부시킨다면 말일세. 만약 우리가 태어나기 전에 혼이 존재한다면, 그리고 만약 혼이 태어나 살아갈 때 죽음과 죽어 있는 상태 말고는 다른 어느 것에서도 태어날 수 없다면, 혼은 다시 태어나야 하는 만큼 우리가 죽은 뒤에도 존재할 수밖에 없지 않은가? 그러니 자네들이 말한 것은 벌써 증명되었네. 그럼에도 자네와 심미아스는 이 문제를 더 철저하게 논의해보고 싶은 것 같구먼. 보아하니 자네들은 어린아이들처럼 혼이 몸을 떠나면 바람에 날려 흩어지지 않을까 두려워하는 것 같아. 특히 바람 없는 날이 아니라 바람이 세게 부는 날 죽는 사람이 있다면 말이야."

그러자 케베스가 웃으며 말했어요. "소크라테스 선생님, 우리를 안심시켜주세요. 우리가 두려워한다고 가정하시고, 아니 우리 자신이 두려워한다기보다는 그런 두려움을 타는 어린아이가 우리 안에 숨어 있다고 가정하시고, 죽음이 도깨비인양 두려워하지 말라고 그 애를 설득해주세요."

소크라테스 선생님께서 말씀하셨어요. "그러면 자네들은 그 애의 두려움을 내쫓을 때까지 날마다 그 애에게 주문을 외워야 할 걸세."

　　　케베스가 말했지요. "소크라테스 선생님, 선생님께서 우리 곁을 떠나시는데 그런 두려움을 쫓아줄 주술사를 대체 어디서 구하지요?"

　　　그러자 그분께서 말씀하셨어요. "케베스, 헬라스[45]는 큰 나라일세. 그 안에는 훌륭한 사람들이 있고, 외지인 부족도 많다네. 자네들은 돈과 수고를 아끼지 말고 샅샅이 뒤져서라도 그들 사이에서 그런 주술사를 찾아내야만 하네. 자네들에게는 그만큼 적절한 투자 대상도 없으니 말일세. 그리고 자네들도 몸소 찾아내야 하네, 서로 힘을 모아서. 자네들이 자네들 자신보다 그 일에 더 적합한 사람을 찾아내기가 쉽지 않을 것이기에 하는 말일세."

　　　"그래야겠지요. 자, 우리의 본래 논의로 되돌아가도록 하
b　지요, 선생님께서만 좋으시다면" 하고 케베스가 말했어요.

　　　"나야 좋지. 왜 좋지 않겠나?"

　　　"좋은 말씀이세요" 하고 케베스가 말했어요.

　　　그러자 소크라테스 선생님께서 물으셨어요. "그렇다면 우리는 다음과 같이 자문해봐야 하지 않을까? 어떤 종류의 사물이 그렇게 흩어지는 운명을 자연스럽게 감수하는가? 우리는 어떤 종류의 사물에 그런 일이 일어날까 두려워해야 하고, 어떤 종류의 사물에 그런 일이 쉽게 일어나지 않는가에 대한 해답이 나오면 우리는 혼이 어떤 부류에 속하는지 고찰해야 할

것이고, 그러고 나면 우리 혼의 운명에 대해 안심해도 좋은지, 아니면 염려해야 하는지 알게 될 것이네."

"옳은 말씀이에요" 하고 케베스가 말했어요.

"결합된 것과 본래 합성된 것은 합성된 부분에서 쉽게 분해될 것이네. 반면 합성되지 않은 것만은 그런 일을 겪지 않을 것이네. 그런 일을 겪지 않는 것이 있다면 말일세."

"내 생각에는 그런 것 같아요" 하고 케베스가 말했어요.

"항상 같고 변함없는 것들은 대개 합성된 것이 아닌 반면, 수시로 변하고 결코 같지 않은 것들은 대개 합성된 것이 아닐까?"

"나는 그렇다고 생각해요."

그분께서 말씀하셨지요. "그러면 우리가 앞서 논의했던 것들로 되돌아가세. 우리가 앞서 묻고 대답하는 가운데 존재한다고 했던 실재는 항상 같고 변함없는가, 아니면 수시로 변하는가? 같은 것 자체, 아름다운 것 자체 등등 개개의 실재는 어떤 변화를 받아들이는가? 아니면 이들 개별 실재는 한결같고 그 자체로 존재하기에 항상 같고 어떤 종류의 변화도 결코 받아들이지 않는가?"

"그것은 필시 변함없이 같을 수밖에 없지요, 소크라테스

---

45   Hellas. 그리스의 그리스어 이름.

선생님!" 하고 케베스가 말했어요.

"그런데 실재와 같은 이름을 갖고 있어서 '아름답다'고 불리거나 '같다'고 불리는 것들, 이를테면 사람, 말, 겉옷 등등은 어떠한가? 그것들은 항상 같은가? 아니면 그것들은 실재들과는 정반대로 스스로도 항상 변하고 자기들끼리도 같지 않아서 사실상 같은 적이 결코 없는가?"

"그것들은 말씀하신 대로 같은 적이 결코 없어요" 하고 케베스가 말했지요.

"한데 이것들은 자네가 만지고 보고 다른 감각기관으로 지각할 수 있지만, 언제나 같은 실재들은 사유와 추론으로만 파악할 수 있는 것이 아닐까? 말하자면 눈에 보이지 않는 존재들이라는 말일세."

"지당한 말씀이에요" 하고 케베스가 말했습니다.

그러자 그분께서 물으셨어요. "그렇다면 자네는 우리가 존재하는 것들을 보이는 것과 보이지 않는 것의 두 종류로 나누기를 원하는가?"

"그렇게 나누도록 해요" 하고 케베스가 말했어요.

"그러면 보이지 않는 것은 항상 같고, 보이는 것은 결코 같지 않겠지?"

"그것도 그렇게 나누도록 하죠."

"자, 그러면 우리의 일부는 몸이고, 일부는 혼이겠지?" 하고 그분께서 말씀하셨어요.

"그렇고말고요" 하고 케베스가 대답했어요.

"그렇다면 우리는 몸이 어떤 종류와 더 유사하고 더 동족 관계에 있다고 말하는가?"

"그야 보이는 것과 그런 관계에 있지요. 그것은 누구에게나 자명할 거예요" 하고 케베스가 말했습니다.

"혼은 어떤가? 혼은 보이는 것인가 보이지 않는 것인가?"

"아무튼 사람에게는 보이는 것이 아니에요, 소크라테스 선생님!" 하고 케베스가 말했어요.

"하지만 우리는 사람 눈에 보이는 것과 보이지 않는 것을 말하는 것이겠지? 아니면 자네는 우리가 다른 것을 말했다고 생각하는가?"

"사람 눈에 그렇다는 것이지요."

"그러면 우리는 혼은 어떻다고 말하는가? 혼이 보이는 것이라고 말하는가, 아니면 보이지 않는 것이라고 말하는가?"

"혼은 보이는 것이 아니지요."

"그렇다면 보이지 않는 것이겠구먼."

"네."

"그렇다면 혼은 몸보다 보이지 않는 것을 더 닮았고, 몸은 보이는 것을 더 닮았네."

"그야 당연하지요, 소크라테스 선생님!"

"조금 전에 우리는 이렇게 말하지 않았던가? 혼이 무엇을 고찰하기 위해 시각이나 청각이나 그 밖의 다른 감각기관을 통하여 몸을 이용할 때는, (몸을 이용한다는 것은 감각기관들을 이용하는 것을 의미하니까) 혼이 몸에 의해 수시로 변하는 것의 영역으로 끌려 들어가서 그런 종류의 사물들과 접촉함으로써 마치 술 취한 사람처럼 어질어질 정신을 못 차리고 길을 잃고 헤맨다고 말일세."

"물론이지요."

d

"그러나 혼이 혼자서 고찰할 때는 순수하고 항상 존재하고 죽지 않고 변하지 않는 것의 영역으로 건너가서 이런 것과 같은 부류인 까닭에 혼자 있거나, 혼자 있을 수 있을 때마다 늘 이런 것과 함께한다네. 그러면 혼은 헤매기를 멈추고는 같은 부류의 것과 접촉함으로써 변함없이 항상 같은 상태에 머무른다네. 혼의 이런 상태가 '지혜'[46]라고 불리겠지?"

"참으로 지당한 말씀이에요, 소크라테스 선생님!" 하고 케베스가 말했어요.

"다시 묻겠는데, 자네는 우리가 앞서 한 말과 지금 한 말로 미루어 혼이 어떤 종류와 더 유사하고 더 동족관계에 있다고 생각하는가?"

"소크라테스 선생님," 하고 케베스가 말했어요. "우리의 논지를 따라가다 보면 삼척동자라도 혼은 전반적으로 수시로

변하는 것보다는 항상 변하지 않는 것과 더 유사하다는 데에
동의할 것 같은데요.”

“몸은 어떤가?”

“수시로 변하는 것과 더 유사하겠지요.”

“이 문제를 이렇게도 고찰해보게. 혼과 몸이 같은 곳에 있 8oa
으면, 자연은 그중 하나는 종노릇을 하며 지배받으라고 명령하
고, 다른 하나는 지배하며 주인 노릇을 하라고 명령하네. 이때
자네는 어느 쪽이 신적인 것과 유사하고, 어느 쪽이 죽게 되어
있는 것과 유사하다고 생각하나? 자네는 신적인 것의 본성은
지배하고 지도하는 것이고, 죽게 되어 있는 것의 본성은 지배
당하고 종노릇하는 것이라고 생각하지 않나?”

“나는 그렇게 생각해요.”

“혼은 어느 쪽을 닮았는가?”

“자명하지요, 소크라테스 선생님. 혼은 신적인 것을 닮았
고, 몸은 죽게 되어 있는 것을 닮았지요.”

그러자 그분께서 물으셨어요. “그렇다면 살펴보게, 케베
스! 지금까지의 모든 논의에서 다음과 같은 결론이 나오는지.
혼은 신적이고 불멸하고 지성으로 알 수 있고 형상이 하나뿐이 b
고, 해체되지 않고 변하지 않고 자기 자신과 항상 같은 것을 가

46   phronesis.

장 닮았지만, 몸은 인간적이고 죽게 되어 있고 지성으로 알 수 있는 것이 아니고, 형상이 다양하고 해체되고 자기 자신과 같은 적이 결코 없는 것을 가장 닮았는지 말일세. 여보게 케베스, 그게 사실이 아니라고 우리는 이의를 제기할 수 있을까?"

"제기할 수 없지요."

"어떤가? 그럴 경우 몸은 당연히 빨리 해체되지만, 혼은 당연히 전혀 해체되지 않거나 그것에 가까운 것이겠지?"

"왜 아니겠어요?"

그분께서 말씀하셨어요. "자네도 알다시피, 사람이 죽으면 비록 이 보이는 세계에 누워 있는, 우리가 시신이라고 부르는 그의 보이는 부분, 즉 몸은 해체되고 부스러지고 바람에 흩날리는 것이 당연하지만 그런 일은 곧바로 일어나지 않고 상당 기간, 아니 긴긴 세월 동안 그대로 남아 있네. 만약 몸이 좋은 상태를 유지하다가 좋은 계절에 죽는다면 말일세. 아이귑토스[47]의 미라처럼 습기를 제거하고 방부 처리하면 몸은 믿을 수 없을 만큼 오랫동안 온전하게 남아 있기에 하는 말일세. 그리고 몸이 썩더라도 뼈와 힘줄 같은 것들은 모두 불멸한다고 말할 수 있을 것이네. 그렇지 않은가?"

"그렇지요."

"그러나 보이지 않는 부분, 즉 혼은 그 자체처럼 고귀하고 순수하고 보이지 않는 다른 곳으로, 진정한 의미에서 보이지 않는 하데스[48]의 나라로, 선하고 지혜로운 신 곁으로(신께서 원하신다면 내 혼도 곧 그리로 가야 하네) 가게 되는데, 그런 자질과 본성을 지닌 혼이, 대중의 말처럼 몸을 떠나자마자 곧장 흩어지고 소멸할까? 여보게들 케베스와 심미아스, 그러기는커녕 사실은 오히려 다음과 같을 걸세. 혼이 몸의 어떤 것도 함께 끌고 가지 않고 순수하게 몸을 떠난다고 가정해보게. 혼은 살아 있는 동안 몸과 기꺼이 어울리지 않고 피했으니 말일세. 또한 혼이 그 자체 안에 함께 모여 있다고 가정해보게. 혼은 항상 그런 일에 수련을 쌓았으니 말일세. 그것이 바로 올바르게 철학을 수행하는 것이자 실은 편안하게 죽는 수련을 쌓는 것이라네. 그것이 죽음의 수련이 아니란 말인가?"

"아니긴요."

"혼이 그런 상태에 있다면 자기를 닮은 보이지 않는 것에게, 신적이고 죽지 않고 지혜로운 것에게 갈 것이고, 그곳에 이르면 방황과 어리석음과 두려움과 사나운 애욕과 인간의 온갖 재앙에서 해방되어 행복할 것이며, 비교 입문자들에 대해 말하듯 남은 시간을 진실로 신들과 함께 보내지 않을까? 케베스, 우리는 그렇다고 말할 것인가, 달리 말할 것인가?"

---

47 아이귑토스(Aigyptos)는 이집트의 그리스어 이름이다.
48 하데스(Hades)는 저승의 신으로 '보이지 않는 자'라는 뜻이다.

"제우스에 맹세코, 우리는 그렇게 말할 거예요" 하고 케베스가 말했어요.

"반면, 만약 혼이 항상 몸과 함께하고 몸을 섬기며 사랑한 탓에 오염되고 정화되지 못한 채 몸을 떠난다면, 그리하여 만지거나 보거나 먹거나 마시거나 성적 쾌락을 위해 이용할 수 있는 신체적인 것 말고는 아무것도 존재하지 않는다고 생각할 정도로 몸과 몸의 욕망과 쾌락들에 현혹된다면, 그리고 혼이 눈에는 희미하거나 보이지 않지만 지성으로 알 수 있고 철학으로 파악할 수 있는 것을 미워하고 두려워하고 피하는 버릇을 들인다면, 자네는 그런 상태의 혼이 오염되지 않고 그 자체로 분리될 것이라고 생각하는가?"

"도저히 안 될 일이지요" 하고 케베스가 말했습니다.

"혼은 아마 신체적인 것으로 절어 있겠지. 혼이 항상 몸과 함께하고 몸을 세심하게 돌봄으로써 몸과 사귀고 함께 지내는 것이 혼의 본성의 일부가 되었을 테니까."

"물론이지요."

"그리고 여보게, 우리는 이런 신체적인 것은 성가시고 무겁고 흙의 성질을 띠며 보이는 것이라고 생각해야 하네. 그런데 사람들은 그런 혼은 신체적인 것에 오염되어 밑으로 처지고, 보이지 않는 것과 하데스가 두려워 보이는 세계로 도로 끌려가서 무덤과 묘비 주위를 배회한다고 말한다네. 그곳에서 실제로 목격된 그림자 같은 환영(幻影)은 정화되지 못한 채 풀려나 보이는 것을 일부 간직한 혼들의 유령이며, 이들이 보이는 것도 그 때문이라네."

"그런 것 같아요, 소크라테스 선생님!"

"그런 것 같을 테지, 케베스. 또한 이들 혼은 훌륭한 사람들이 아니라 열등한 사람들의 혼들로 전생의 나쁜 행실에 대해 죗값을 치르느라 그런 곳을 배회하지 않을 수 없는 걸세. 그리고 이들 혼은 자기들을 따라다니는 육체적인 것을 향한 욕망 때문에 또다시 몸에 갇힐 때까지 계속 방황한다네. 또한 그런 혼들은 십중팔구 생전에 계발했던 그런 유형의 성격에 갇히게 될 걸세."

"어떤 유형 말씀인가요, 소크라테스 선생님?"

"이를테면 폭식이나 폭행이나 폭음을 피하기는커녕 오히려 계발한 자들의 혼은 아마도 당나귀같이 고집 센 동물의 몸속으로 들어갈 것이라는 말일세. 자네는 그렇게 생각하지 않나?"

"정말로 그럴 것 같네요."

"그리고 불의와 참주정치[49]와 강도질을 선호하던 자들의 혼은 늑대나 매나 솔개의 몸속으로 들어가겠지. 아니면 우리는

---

49 일종의 군사독재.

그런 혼들이 그 밖에 어디로 갈 것이라고 말할 텐가?"

"의심할 여지없이 그런 혼들은 그런 동물의 몸속으로 들어갈 거예요" 하고 케베스가 말했습니다.

"그 밖의 다른 혼들이 생전의 행실에 따라 어떤 종류의 동물의 몸속으로 들어갈지는 자명하지 않겠나?" 하고 그분께서 물으셨지요.

"자명하다마다요. 왜 아니겠어요?" 하고 케베스가 대답했어요.

"이들 가운데 가장 훌륭한 목적지에 이를 가장 행복한 사람들은" 하고 그분께서 말씀하셨어요. "철학과 지성을 지니지는 못했지만 습관과 수련으로 얻을 수 있는 '절제'와 '정의'라고 불리는 평범한 시민의 미덕을 계발한 사람들이 아닐까?"

"어째서 그들이 가장 행복하지요?"

"그들은 아마도 꿀벌이나 말벌이나 개미 같은 다른 종류의 유순한 사회적 동물 속으로 들어가거나, 아니면 도로 인간 종족 속으로 들어가 점잖은 사람이 될 테니까 그렇지."

"그럴 것 같네요."

"그러나 철학에 전념하지 않아 완전히 정화되지 못한 채 몸을 떠나는 혼은 신들의 종족에게 이를 수 없을 걸세. 그것은 배우기를 좋아하는 사람에게만 가능하다네. 그래서 여보게 심미아스와 케베스, 진정한 철학자들은 모든 육체적 욕망을 멀리하며, 그런 욕망들에 굴복하지 않고 굳건히 버티는 것이라네. 그들이 그러는 까닭은 돈을 좋아하는 대부분의 사람처럼 재산을 탕진하여 가난해질까 두려워서가 아니라네. 또한 명예와 권력을 좋아하는 사람들처럼 불명예와 오명이 두려워서 육체적 욕망들을 멀리하는 것도 아니라네."

"그것은 그들답지 않은 행동이겠지요, 소크라테스 선생님!" 하고 케베스가 말했어요.

"제우스에 맹세코, 그들답지 않은 행동이지" 하고 그분께서 말씀하셨어요. "그래서 케베스, 몸을 섬기기 위해 살아가는 것이 아니라 자신의 혼을 돌보는 사람들은 그런 사람들과 결별하며, 자신이 어디로 가는지조차 모르는 그런 사람들과는 동행하기를 거부한다네. 또한 그들은 철학과 철학을 통한 해방과 정화에 역행하는 짓을 해서는 안 된다고 믿고는 철학 쪽으로 돌아서서 어디든 철학이 인도하는 곳으로 따라간다네."

"어떻게요, 소크라테스 선생님?"

그러자 그분께서 말씀하셨어요. "설명해보겠네. 배우기를 좋아하는 사람은 철학이 떠맡을 때까지는 자신의 혼이 손발이 꽁꽁 묶인 채 몸 안에 갇혀 있어 독자적이라기보다는 마치 감옥의 창살을 통해서 보듯 몸을 통해서 존재를 고찰해야 하며, 그래서 온갖 무지 속을 뒹굴고 있다는 것을 알고 있네. 그리고 철학이 보기에 이런 옥살이의 가장 가공할 점은, 몸의 욕망들

파이돈

171

로 말미암아 이렇게 투옥된 만큼 갇힌 자 자신이 자기가 갇히는 데 주된 협력자라는 것이네. 단언컨대 배우기를 좋아하는 사람들은, 철학이 이런 상태에 있는 혼들을 떠맡은 다음 눈을 통한 고찰은 기만으로 가득 차 있고 귀와 다른 감각기관을 통한 고찰도 마찬가지라는 것을 보여줌으로써, 그리고 불가피한 경우를 제외하고는 그런 감각기관들을 사용하지 말라고 설득함으로써 혼을 조용히 타일러 해방시키려 한다는 것을 알고 있네.

또한 철학은 혼이 자신 속에 자신을 집중시켜 자기 자신과 추상화된 대상들에 대한 자신의 추상화된 사고만 믿고 다른 수단을 통해 고찰하는 것과 수시로 달라지는 것은 진실이라 여기지 말라고 일러주며, 그런 것은 모두 보이고 감각으로 파악되지만 혼 자체가 보는 것은 보이지 않고 지성으로 파악될 수 있는 것이라고 말해준다네. 그러면 진정한 철학자의 혼은 이런 해방을 거역해선 안 된다고 믿고는 되도록 쾌락과 욕망과 고통을 멀리하는데, 심한 쾌감이나 두려움이나 고통이나 욕망을 느끼는 사람이 있으면 그 때문에 병이 나거나 욕망을 충족시키기 위해 돈을 낭비하는 등 예상할 수 있는 피해를 입는 데 그치지 않고,

최대 최악의 해악을 당하고도 그것을 헤아리지 못한다고 생각하기 때문이지."

"최대 최악의 해악이라는 게 뭐죠, 소크라테스 선생님?" 하고 케베스가 물었습니다.

"그것은 모든 사람의 혼이 어떤 것과 관련하여 심한 쾌감이나 고통을 느끼면 그와 동시에 그런 감정을 유발하는 것이야말로 사실은 그렇지도 않은데 가장 명확하고 가장 참된 것이라고 믿기 마련이라는 것일세. 그런데 그런 것들은 가장 두드러지게 보이는 것들이겠지? 그렇지 않은가?"

"물론이지요."

"혼이 몸에 꼼짝없이 묶이는 것은 바로 그런 경험을 할 때가 아닐까?"

"어째서 그렇지요?"

"모든 쾌감과 고통은 일종의 대갈못으로 혼을 몸에 고정시키고 꼼짝 못하게 눌러 혼을 육체적인 것으로 만들기 때문에, 혼은 몸이 참된 것이라고 말하는 것은 무엇이든 참된 것으로 여긴다네. 혼이 생각과 기쁨을 몸과 같이하다 보면 어쩔 수 없이 성격과 생활방식에서 몸과 같아질 수밖에 없고, 그렇게 되면 정화된 상태로 보이지 않는 세계인 저승에 이를 수 없네. 오히려 혼은 몸에 오염된 채 몸을 떠날 때마다 재빨리 다른 몸속으로 다시 떨어져 그곳에서 뿌리를 내리고 자란다네. 그리하여 그런 혼은 신적이고 정화되고 단일한 형상과 함께하지 못하는 게지."

"지당한 말씀이에요, 소크라테스 선생님!" 하고 케베스가 말했어요.

"그런 이유들 때문에 진정으로 배우기를 좋아하는 사람은 절제와 용기를 보여주는 것이라네. 대중이 주장하는 그런 이유들[50] 때문이 아닐세. 혹시 자네는 그런 이유들 때문이라고 생각하나?"

"나는 그렇게 생각하지 않아요."

"물론 아니겠지. 철학자의 혼은 앞서 내가 말한 것과 같이 추론하며, 철학은 당연히 혼을 해방시켜야겠지만 혼이 해방되면 도로 (몸의) 쾌락과 고통에 얽매임으로써 마치 낮에 짠 수의(壽衣)를 밤에 풀어버리는 페넬로페[51]처럼 무익한 일을 되풀이하는 것은 옳지 않다고 여길 테니까. 오히려 철학자의 혼은 이성을 따르고 언제나 이성과 함께함으로써, 그리고 의견의 대상이 아닌 참되고 신적인 것을 조용히 관찰하고 양식으로 삼음으로써 그런 감정들에 초연해야 한다고 믿는다네. 또한 철학자의 혼은 자신이 살아 있는 동안에는 그렇게 살아야 하며, 그러다가 죽으면 성질과 본성이 자기와 같은 것에게 가서 그곳에 이르러 인간의 불행에서 벗어날 것이라고 믿는다네. 심미아스와 케베스, 그런 식으로 수련을 쌓은 혼이라면 몸에서 분리될 때 바람에 날려서 흩어져 없어지고 더 이상 어디에도 존재하지 않게 될까 두려워할 이유가 없을 걸세."

소크라테스 선생님께서 그렇게 말씀하신 뒤 한동안 침묵이 흘렀어요. 보아하니 그분 자신도 지금까지의 논의에 몰입하신 것 같았지만, 우리도 대부분 그랬지요. 그러나 심미아스와 케베스는 목소리를 낮춰 서로 이야기를 주고받았지요. 그래서 소크라테스 선생님께서 두 사람을 보고 물으셨습니다. "왜? 자네들은 내 설명에 부족한 점이 있다고 생각하는가? 물론 자네들이 세세히 검토하려 한다면 아직도 석연치 않은 점과 이의를 제기할 여지가 많이 남아 있기는 하지. 자네들이 다른 주제를 검토하는 것이라면 나는 할 말이 없네. 하지만 자네들이 우리가 논의했던 것과 관련해 어려움을 겪는다면 망설이지 말고 자네들 생각을 말하고 설명해주게. 만약 우리 주제에 관해 자네들이 더 나은 말을 할 수 있다고 생각한다면 말일세. 그리고 나도 자네들 토론에 낄 수 있게 해주게. 만약 자네들이 내 도움을 받아 어려움을 더 잘 타개할 수 있을 것이라고 생각한다면 말이야."

그러자 심미아스가 말했습니다. "소크라테스 선생님, 사실대로 말씀드리지요. 우리 두 사람은 한동안 어려움을 겪었으며, 그래서 선생님의 답변을 듣고 싶어 선생님께 물어보라고 서로 재촉했지만, 그러잖아도 지금 불운을 겪고 계신 선생님께

---

50 68e 이하 참조.

51 페넬로페(Penelope)는 트로이아전쟁이 끝난 뒤 남편 오뒷세우스가 돌아오기를 10년 동안 기다리면서, 구혼자들에게 시아버지의 수의를 다 짤 때까지 기다려달라고 요청한 뒤 낮에 짠 수의를 밤에 도로 풀어버리는 방법으로 3년이나 시간을 끌었다.

서 불쾌해하실까봐 폐를 끼치기를 망설였던 거예요."

그분께서는 이 말을 듣고 조용히 웃으며 말씀하셨어요.
"놀랍구려, 심미아스! 내가 지금의 처지를 불운으로 여기지 않
c 는다고 자네들조차 설득할 수 없으니 다른 사람들을 설득하기
는 힘들 것 같네그려. 자네들은 오히려 내가 지금 여느 때보다
심기가 더 불편할 것이라고 염려하니 말일세. 자네들은 내 예
언 능력이 백조보다 못하다고 여기는 것 같구먼. 백조는 평소
에도 노래하지만 죽을 때가 되었다고 느끼면 자기들이 섬기는
85a 신[52]에게로 가게 된 것을 기뻐하며 가장 많이 그리고 가장 아름
답게 노래하지. 그러나 인간은 스스로 죽음을 두려워하는 까닭
에 백조를 오해하고는 백조는 죽음이 다가오면 슬퍼서 노래한
다고 말한다네. 인간은 어떤 새도 배고프거나 춥거나 그 밖의
다른 고통 때문에 노래하지 않는다는 것을 생각하지 못한다네.
괴로워서 비탄의 노래를 부른다고 전해오는 밤꾀꼬리도, 제비
도, 후투티[53]도 그러지 않는다네. 내가 보기에 그런 새들도 백
b 조도 슬퍼서 노래하는 것은 아닌 듯하네. 내 생각에, 아폴론에
게 바쳐진 백조는 예언 능력이 있어 저승에서 좋은 일들이 자
신을 기다린다는 것을 알기에 노래하는 것이며, 그날은 여느
때보다 더 행복해한다네. 나도 백조와 같은 주인을 섬기고 같은
신에게 바쳐지고 내 주인한테서 백조 못지않은 예언 능력을 부
여받았다고 믿는 만큼, 백조만큼 즐거운 마음으로 이승을 하직

하려 한다네. 이와 관련하여 자네들은 무엇이든 말하고 물어보게. 아테나이의 11명의 옥사쟁이들[54]이 허락하는 한 말일세."

"좋은 말씀이에요" 하고 심미아스가 말했지요. "그러면 내가 어떤 어려움을 겪었는지 말씀드리지요. 그러고 나면 여기 있는 케베스가 선생님께서 말씀하신 것을 어째서 받아들일 수 없는지 말씀드릴 거예요. 소크라테스 선생님, 아마 선생님께서도 그러하시겠지만 나는 이승에서 이런 것들을 명확히 안다는 것은 불가능하거나 몹시 어려울 것이라고 생각해요. 하지만 그런 것들에 관해 언급된 것들을 철저히 검토해보지 않고, 그것들을 백방으로 연구하느라 녹초가 되기도 전에 포기하는 자는 허약한 자일 거예요. 우리 임무는 배우거나 스스로 알아내어 사실을 확인하든지, 그것이 불가능하다면 인간 지성이 제공할 수 있는 가장 훌륭하고 가장 논박하기 어려운 이론을 받아들여 뗏목인

---

52   아폴론. 아폴론은 예언, 궁술, 음악, 치유와 광명의 신이다.

53   트라케(Thraike) 왕 테레우스(Tereus)는 아테나이 왕 판디온(Pandion)의 딸 프로크네(Prokne)와 결혼하여 이튀스(Itys)라는 아들까지 낳았지만, 처제 필로멜레(Philomele)를 납치하여 강간하고는 발설하지 못하도록 혀를 자른다. 이 사실이 드러나자 프로크네가 복수하기 위해 아들 이튀스를 죽여서 그 살점으로 요리를 만들어 테레우스에게 먹인다. 이 사실을 알고 테레우스가 두 자매를 죽이려 하자 제우스가 테레우스는 후투티로, 프로크네는 밤꾀꼬리로, 필로멜레는 제비로 변신시킨다.

54   『소크라테스의 변론』 37c, 『크리톤』 59e 참조.

양 그것을 타고 인생의 위험을 헤치고 나가든지, 둘 중 하나를 하는 것이지요. 신의 계시라는 더 튼튼한 배를 타고 더 안전하고 덜 위험한 항해를 할 수 없다면 말예요. 지금 선생님께서 그렇게 말씀하시니 나는 물어보는 것이 부끄럽지 않아요. 그러면 지금 내가 생각하는 바를 말씀드리지 않았다고 나중에 자책할 일도 없겠지요. 소크라테스 선생님, 나 혼자서 검토해봐도, 여기 있는 케베스와 함께 논의해봐도 선생님의 설명이 아주 만족스럽지 않기에 말씀드리는 거예요."

e

그러자 소크라테스 선생님께서 말씀하셨어요. "여보게, 아마도 자네 말이 옳은 것 같네. 하지만 어떤 점에서 내 설명이 만족스럽지 못한지 말해주게."

심미아스가 말했어요. "내가 보기에는 다음과 같은 점에서 그래요. 뤼라와 그 현들의 화음에도 같은 이론을 적용하여, 화음은 보이지 않고 육체적이지 않고 아주 아름다운 것이고 조율

86a

된 뤼라 안에서 신적인 것이지만, 뤼라 자체와 그 현들은 몸이고 몸의 형상을 지니며 복합적이고 지상적이고, 죽게 되어 있는 것과 같은 부류라고 말할 수 있다는 것이지요. 뤼라를 부수거나 그 현들을 자르거나 끊고 나서 선생님과 같은 이론을 적용하여 화음은 여전히 존재하며 파괴되지 않았다고 우기는 어떤 사람이, 죽게 되어 있는 뤼라와 현들은 현들이 끊어졌을 때

b

에도 여전히 존재하는데 신적이고 불멸의 것과 같은 부류인 화

음이 죽게 되어 있는 것보다 먼저 파괴된다는 것은 상상조차 할 수 없는 일이라고 주장한다고 가정해보세요. 그는 화음 자체가 어딘가에 여전히 존재하고 나무와 현은 화음에 무슨 일이 일어나기 전에 썩어 없어질 것임이 틀림없다고 주장하겠지요. 소크라테스 선생님, 내가 이런 말씀을 드리는 까닭은, 선생님께서는 우리가 실제로 혼을 다음과 같은 것으로 믿고 있다고 생각하시는 것 같기 때문이에요. 즉 몸은 뜨거운 것과 찬 것, 마른 것과 습한 것 등등이 일정한 긴장 상태를 유지하도록 결합된 것이고, 혼은 이런 요소들의 혼합이자 조화라고 말예요. 따라서 만약 혼이 일종의 화음이라면, 우리 몸이 질병이나 다른 재앙으로 지나치게 이완되거나 긴장될 경우 혼은 비록 가장 신적인 것이라 해도 당장 파괴되고 말 것이 틀림없어요. 음악이나 예술가들의 다른 작품에서 발견되는 화음 또는 조화처럼 말예요. 반면에 모든 몸의 잔재는 불에 타거나 썩어 없어질 때까지 오랫동안 남아 있겠지요. 혼은 육체적 요소들의 배합이기에 우리가 죽음이라고 부르는 것에 의해 먼저 파괴될 것이라고 주장하는 사람이 있다면, 우리가 뭐라고 대답해야 할지 선생님께서 생각해보세요."

그러자 소크라테스 선생님께서 여느 때처럼 눈을 크게 뜨고 우리를 보시더니 웃으시며 말씀하셨어요. "심미아스의 비판은 아주 옳아. 지금 자네들 가운데 이 난제를 나보다 더 잘 해결

할 수 있는 사람이 있다면, 왜 대답하지 않는가? 보아하니 심미아스는 논리라는 삼바로 나를 꼭 잡고는 놓지 않을 작정인 것 같으니 말이야. 하지만 그에게 답변하기 전에 먼저 케베스의 이의를 들어보는 것이 좋을 것 같네. 우리가 어떻게 답변할 것인지 생각할 시간을 벌 수 있도록 말일세. 그리고 두 사람 말을 다 들어보고 나서 그들의 말이 옳으면 동의하겠지만, 옳지 않으면 그때 가서 종전 주장을 옹호할 수 있을 것이네. 자, 케베스, 말해보게. 자네를 괴롭히는 게 무엇인가?"

그러자 케베스가 말했어요. "말씀드리지요. 내가 보기에 논의가 제자리걸음을 하고 있고, 앞서 제기된 반론에서 벗어나지 못한 것 같아요. 나는 우리 혼이 지금의 형상 속으로 들어가기 전에도 존재했다는 것이 아주 훌륭하게, 아니 이런 말을 해도 된다면 결정적으로 증명되었다는 것을 부인하지 않지만, 우리가 죽은 뒤에도 혼이 여전히 어딘가에 존재할 것이라는 점은 증명되지 않은 것 같아요. 나는 혼이 몸보다 더 강하지 못하고 더 오래가지 못한다는 심미아스의 반론에는 동의하지 않아요. 나는 혼이 그런 모든 점에서 훨씬 월등하다고 생각하니까요. 선생님의 이론은 이렇게 묻겠지요. '그렇다면 그대는 사람이 죽은 뒤에 더 약한 부분이 여전히 존속하는 것을 보고도 어째서 아직도 믿지 못하는가? 그대는 더 강한 부분이 필연적으로 그 기간 동안에는 존속할 것이라고 생각하지 않는가?' 선생님께서는 이에 대한 내 답변에 일리가 있는지 검토해주세요. 나도 심미아스처럼 비유로 말하지 않을 수 없으니까요. 어떤 늙수그레한 재단사가 방금 죽었다고 가정해보세요. 선생님의 이론은 그 재단사가 죽은 것이 아니라 어딘가에 건강하게 살아 있다고 말하며, 그가 자신을 위해 만들어 입고 다니던 겉옷이 망가지지 않고 여전히 온전하다는 사실을 그 증거로 제시하는 것과도 같아요. 그리고 누가 믿지 못하면, 선생님께서는 사람과 사람이 입고 다니는 겉옷 가운데 어느 것이 더 오래갈 것 같으냐고 물으시겠지요. 그리고 그가 사람이 훨씬 더 오래갈 것 같다고 대답하면 선생님께서는, 겉옷처럼 오래가지 않는 것도 망가지지 않으니 그보다 더 오래가는 사람은 그대로 있다는 사실이 결정적으로 입증되었다고 말하시겠지요. 그러나 심미아스, 나는 그렇다고 생각하지 않는다네. 자네도 내가 하는 말을 검토해보게. 누구나 다 짐작하겠지만 그렇게 주장하는 사람은 어리석은 말을 하는 거예요. 그런 겉옷을 여러 벌 지어 해지도록 입고 다니던 문제의 재단사는 겉옷이 여러 벌이라 해도 그 겉옷들보다는 더 오래 살겠지만, 마지막 겉옷보다는 먼저 죽을 것으로 생각되니 말예요. 그렇다고 해서 사람이 겉옷보다 더 보잘것없고 더 허약하다는 뜻은 아니에요. 나는 이런 비유가 몸에 대한 혼의 관계에도 적용될 수 있다고 믿으며, 마찬가지로 혼과 몸에 대해서도 혼은 오래가지만 몸은 더 허약하고 덜 오래간다고 말하는 것은 당연하다고 생각해요. 특히 사람이 오래 살 경우에는 개개의 혼이 여러 개의 몸을 입어 해지게 한다고 말할 수 있겠지요. 아직 사람이 살아 있는 동안에 몸은 계속 변하고 망가지고 혼은 해진 몸을 다시 짜 입는다 해도, 혼은 죽을 때마다 불가피하게 자신이 짠 마지막 몸을 입고 있다가 마지막 몸보다 먼저 소멸할 거예요. 그리고 혼이 소멸하면 몸은 허약한 본성을 드러내며 금세 썩어 없어지겠지요. 그러니 이런 견해를 받아들인다면 우리가 죽은 뒤에도 우리 혼이 어딘가에 존재할 것이라고 확신하는 것은 정당화될 수 없을 거예요. 설령 선생님의 논리를 이용하는 사람에게 더 많은 것을 양보하여 우리 혼은 우리가 태어나기 전에도 존재했을 뿐만 아니라 어떤 사람들의 혼이 계속해서 존재하고 몇 번이고 되풀이해서 태어나고 죽는 것을 방해할 것은 아무것도 없다고 인정하는 사람이 있다 해도(혼은 본래 거듭해서 태어나는 것을 감당할 수 있을 만큼 강하니까요), 혼은 그토록 자주 태어나도 아무런 피해를 입지 않으며 그렇게 계속해서 죽어도 언젠가는 결국 완전히 소멸하는 일은 없으리라는 점을 인정하기는커녕 오히려 어떤 죽음과 몸으로부터의 어떤 분리가 혼에게 파멸을 안겨줄지는 우리 가운데 어느 누구도 감지할 수 없는 만큼 아무도 미리 알 수 없다고 주장한다면 어떨까요? 그런 경우라면 누구든 자신감을 갖고 죽음을 맞는 자는 혼이 완전히 불멸 불사한다는 것을 입증하지 못하는 한 어리석은 자신감에 사로잡혀 있음이 틀림없어요. 그것이 입증되지 않으면 죽음을 앞둔 사람은 누구나 자신의 혼이 이번에 몸에서 분리되면 완전히 소멸되는 것이 아닐까 늘 두려워할 수밖에 없을 테니까요."

나중에 우리끼리 주고받은 말에 따르면, 두 사람이 한 말을 듣고 우리 모두 의기소침해졌어요. 우리는 토론의 앞부분에서 꽤나 확신에 찼는데, 이제 그들이 앞서의 토론뿐 아니라 앞으로의 토론과 관련해서도 우리를 다시 혼란과 불신 속으로 내던지는 것 같았으니까요. 우리는 무능한 판관이거나, 아니면 이런 일들은 본디 모호한 것이 아닐까 두려웠어요.

에케크라테스 신들께 맹세코 파이돈, 나도 그대들과 동감이오. 지금 그대의 말을 듣고 나니 나도 이렇게 자문하고 싶은 심정이니 말이오. '우리는 앞으로 대체 어떤 주장을 믿을 것인가? 소크라테스의 주장은 상당히 신빙성이 있었는데도 이제는 불신을 사고 말았으니.' 전에도 나는 혼이 일종의 조화라는 이론에 지금처럼 매료됐는데, 그대 말을 들으니 내가 전에 그 이론을 신봉했다는 생각이 드는구려. 이제는 사람이 죽어도 그의 혼은 죽지 않는다는 확신을 얻기 위해 반드시 처음부터 다시 다른 이론을 찾아야 할 것 같소이다. 그러니 부디 소크라테스 선생께서 논의를 어떻게 이어가셨는지, 그분도 그대들처럼 언짢아하셨는지, 아니면 침착하게 자신의 이론을 옹호하셨는지 말해주시오. 그리고 그분은 자신의 이론을 옹호하는 데 성공하셨나요, 아니면 실패하셨나요? 우리에게 모든 것을 빠짐없이 되도록 상세하게 말해주시오.

파이돈 에케크라테스, 사실 나는 소크라테스 선생님에게 감탄한 적이 한두 번이 아니지만 그때보다 더 감탄한 적은 일찍이 없었답니다. 그분께서 답변을 준비하고 계셨다는 것은 예상하지 못한 일이라고 할 수 없겠지요. 내가 그분에게 특히 감탄한 것은 첫째, 그분께서 상냥하고 호의적이고 존중하는 태도로 젊은이들의 비판을 받아들이셨다는 것이고, 둘째, 젊은이들의 말이 우리에게 어떤 영향을 미치는지 재빨리 알아차리셨다는 것이며, 끝으로, 그분께서 우리의 상처를 성공적으로 치료하시며 마치 전투에 져서 도망친 병사인 양 우리를 다시 끌어모아 논의에 동참하도록 격려하셨다는 것입니다.

에케크라테스 어떻게 말이오?

파이돈 말씀드리지요. 마침 나는 그분의 오른쪽, 침상 옆에 놓인 야트막한 걸상에 앉았는데 그분께서 앉아 계시던 침상은 내 걸상보다 꽤 높았어요. 그분께서는 내 머리를 어루만지며 머리털을 움켜잡고 목덜미 쪽으로 모으시더니—그분께서는 가끔 내 머리털을 갖고 장난을 치곤 하셨으니까요—"파이돈, 내일이면 아마 자네는 이 사랑스런 머리털을 자르겠지!"[55] 하고 말씀하셨어요.

"그러겠지요, 소크라테스 선생님!" 하고 말했어요.

"자네가 내 조언을 받아들인다면 그러지 않을 걸세."

"그렇다면 어떻게 해야 하나요?" 하고 내가 물었습니다.

그분께서 말씀하셨어요. "오늘 당장 나는 내 머리털을, 자네는 자네 머리털을 자르게 될 걸세. 만약 우리 주장이 죽고, 우리가 되살려내지 못한다면 말일세. 만약 내가 자네라면, 그리고 진리를 놓쳐버린다면, 나는 아르고스인들[56]처럼 전투를 다시 시작하여 심미아스와 케베스의 주장을 물리칠 때까지는 머리털을 기르지 않겠다고 맹세하겠네."

"하지만 헤라클레스[57]조차도 둘은 감당하지 못한다지 않아요" 하고 내가 말했어요.

"그렇다면 나더러 자네의 이올라오스[58]가 되어달라고 부탁하는 것이 좋겠어. 해가 지기 전에 말일세"[59] 하고 그분께서

---

55 그리스에서 머리털을 자르는 것은 가까운 이의 죽음을 애도하는 표시였다고 한다.

56 아르고스(Argos)인들은 스파르테인들에게 국경도시를 빼앗긴 뒤 그 도시를 되찾을 때까지는 결코 머리를 기르지 않겠다고 맹세했다고 한다. 헤로도토스(Herodotos), 『역사』(*Histories apodexis* '탐사 보고서') 1권 82장 참조.

57 헤라클레스(Herakles)는 고대 그리스의 유명한 영웅으로 온갖 괴물을 퇴치했는데, 그의 업적 중에서는 이른바 '12고역'이 널리 알려져 있다.

58 이올라오스(Iolaos)는 헤라클레스의 조카이자 충실한 조력자였다.

59 소크라테스는 독약을 저녁 어스름 때 마신다.

말씀하셨지요.

내가 말했어요. "좋아요. 하지만 나는 헤라클레스로서 이올라오스에게 도움을 청하는 것이 아니라, 이올라오스로서 헤라클레스에게 도움을 청할 거예요."

그분께서 말씀하셨지요. "결과는 매한가지일세. 하지만 우리는 먼저 어떤 위험에 대비해야 할 것이네."

"그게 어떤 위험이지요?" 하고 내가 물었습니다.

"인간 혐오자가 되듯 논의 혐오자[60]가 되는 위험 말일세" 하고 그분께서 말씀하셨어요. "사람에게 논의 혐오보다 더 큰 재앙은 일어날 수 없기 때문이네. 논의 혐오와 인간 혐오는 같은 원인에서 생기네. 인간 혐오는 누구를 무턱대고 믿는 데서 비롯하지. 자네가 어떤 사람을 전적으로 진실하고 건전하고 믿음직하다고 믿다가 얼마 뒤 그가 사악하고 믿지 못할 사람이라는 것을 알아내고, 이런 일이 또 일어난다고 가정해보게. 특히 자네가 가장 친한 친구라고 여기는 사람들과 관련하여 이런 일이 자꾸 되풀이되면, 계속해서 심한 충격을 받다가 결국에는 누구건 다 미워하고 건전성은 세상 어디에도 없다고 생각할 것이네. 자네는 이런 일이 일어나는 것을 보지 못했나?"

"물론 보았지요" 하고 내가 말했습니다.

그분께서 말씀하셨지요. "그것은 부끄러운 일 아닌가? 그리고 그런 사람은 인간 본성을 알지도 못하면서 사람들과 사귀려 한다는 것이 명백하지 않은가? 그가 인간 본성을 알고 사람들과 사귄다면, 아주 좋은 사람과 아주 나쁜 사람은 둘 다 극히
드물고 대부분은 그 중간이라는 사실을 틀림없이 알게 될 테니
말일세."

"무슨 말씀이신지요?" 하고 내가 물었습니다.

그러자 그분께서 말씀하셨어요. "아주 작은 것과 아주 큰
것의 경우와도 같네. 자네는 아주 크거나 아주 작은 사람 또는
그런 개 등등의 피조물보다 더 찾기 힘든 것이 있을 것이라고
생각하나? 또한 아주 빠르거나 아주 느린 것, 아주 추하거나
아주 아름다운 것, 아주 검거나 아주 흰 것은 어떤가? 이 모든
경우 양극단은 드물고 적은 반면 중간 것은 많고 넉넉하다는
것을 깨닫지 못했는가?"

"물론 깨달았지요" 하고 내가 말했습니다.

"그렇다면" 하고 그분께서 말씀하셨어요. "누가 더 사악한
지 경쟁할 경우에도 으뜸가는 자들은 아주 드물 것이라고 자네
는 생각지 않는가?"

"그렇겠지요" 하고 내가 말했습니다.

그분께서 말씀하셨어요. "사실 그렇겠지. 하지만 나는 자
네가 인도하는 대로 따라가보았을 뿐이네. 논의와 인간의 유사

60 misologos.

점은, 방금 내가 말한 것이 아니라 아까 내가 말한 것에 있네.
즉 논의에 관한 전문 지식도 없이 어떤 논의가 진실이라고 믿
은 사람에게 잠시 뒤 그 논의가 실제로 거짓이든 거짓이 아니
든 거짓이라고 여겨진다면 그리고 그런 일이 자꾸 되풀이된다
면, 자네도 알다시피 특히 논쟁으로 시간을 보내는 자들은 결
국 자신들이 가장 지혜로운 자들이라고 믿을 것이네. 그들은 논
의든 사물이든 확실하고 믿음직한 것은 아무것도 없으며, 존재
하는 모든 것은 에우리포스[61] 해협의 조수처럼 오르락내리락하
며 한시도 한곳에 머물지 않는다는 것을 자신들만이 알아냈다
고 믿을 테니 말일세."

"지당한 말씀이에요" 하고 내가 말했어요.

그분께서는 이렇게 말씀하셨지요. "그렇다면 파이돈, 진
실하고 확실하고 배울 수 있는 논의가 있는데도 누군가가 같은
사람들에게 때로는 진실한 것으로 때로는 거짓된 것으로 여겨
지는 논의를 경험한 까닭에, 자신의 무식은 탓하지 않고 결국
에는 화가 나 그 책임을 흔쾌히 논의에 떠넘기며 논의를 미워
하고 욕하는 것으로 여생을 보냄으로써 실재하는 것들에 관한
진리를 알 기회를 놓친다면, 이는 딱한 일 아니겠는가!"

"제우스에 맹세코, 딱한 일이지요" 하고 내가 말했습니다.

그러자 그분께서 말씀하셨어요. "그렇다면 먼저 마음속으
로 논의는 조금도 건전한 데가 없다고 생각하지 않도록 조심해

야 하네. 그보다는 오히려 우리 자신이 아직 건전하지 못한 만큼 건전해지도록 과감하게 노력해야만 한다고 믿어야 하네. 자네를 비롯하여 다른 사람들은 앞으로의 전 여생을 위해, 나는 죽음을 위해. 내가 지금 이 문제와 관련하여 철학자다운 태도를 보이지 못하고, 무식꾼들처럼 이기기 좋아하는 성미를 부리는 것이 아닌지 두려워서 하는 말일세. 무식꾼들은 어떤 주제를 놓고 토론할 때 논의되는 사항의 참이 무엇이냐에는 관심이 없고, 자신들의 주장이 듣는 사람들에게 참으로 보이도록 하는 데에만 열을 올리니까. 그리고 내가 지금 무식꾼들과 다른 점이 있다면, 그것은 바로 내 관심사는 부수적이라면 몰라도 내가 말하고자 하는 바가 듣는 사람들에게 참으로 보이도록 하는 것이 아니라, 나 자신도 되도록 그렇다고 확신할 것이라는 것뿐이네. 여보게, 내가 얼마나 타산적인지 보게. 내 말이 참되면 확신하는 것이 유익하고, 반면 사후에 아무것도 존재하지 않는다면 적어도 내가 죽기 전의 이 시간 동안이나마 비탄에 빠져 자리를 함께한 사람들에게 부담감을 주는 일이 없으리라는 것이 내 속셈이니 말일세. 또한 나의 이 못난 생각은 지속되지 못하고—그것은 나쁜 일일 테니까—곧 끝날 것이고. 심미아스와

91a

b

---

61 에우리포스(Euripos)는 에우보이아(Euboia) 섬과 그리스 본토 사이의 좁은 해협인데, 조수의 흐름이 세고 간만의 차가 심하기로 유명하다.

케베스, 나는 그런 마음가짐으로 자네들의 논의에 접근할 것이네. 청컨대 자네들은, 소크라테스는 덜 염려하고 진리를 훨씬 더 염려하게. 자네들은 내 말이 진리라고 생각되면 동의하되, 그러지 않으면 자네들이 가진 온갖 논의로 반박함으로써, 내가 열중한 나머지 나 자신과 자네들을 속이는 일이 없도록 그리고 내가 벌처럼 침을 남겨두고 날아가버리는 일이 없도록 하란 말일세."

그분께서 이렇게 말을 이으셨어요. "그러면 시작해보세. 먼저 자네들이 말한 것을 내게 일깨워주게. 내가 정확하게 기억하지 못한다 싶으면 말일세. 내 생각에, 심미아스는 혼이 비록 몸보다 더 신적이고 더 아름답긴 하지만 일종의 조화인 만큼 몸보다 먼저 소멸할지도 모른다고 의심하고 두려워하는 것 같네. 한편 케베스는 혼이 몸보다 더 오래간다는 점에는 나에게 동의하지만, 혼이 수많은 몸을 잇달아 닳아 없어지게 한 뒤 결국에는 마지막 몸을 뒤로하고 스스로 소멸하지 않는다고 장담할 수 있는 사람은 아무도 없으며, 몸은 계속해서 소멸하기를 멈추지 않는 만큼 이러한 혼의 소멸이야말로 죽음이라고 주장하는 것 같네. 심미아스와 케베스, 나는 이런 것들이 우리가 고찰해야 할 문제라고 생각하는데, 과연 그러한가?"

두 사람 다 그렇다고 동의했습니다.

그분께서 말씀하셨지요. "그러면 자네들은 우리가 앞서 논의한 것을 전부 다 받아들이지 않는가, 아니면 일부는 받아들이고 일부는 받아들이지 않는가?"

두 사람이 말했지요. "일부는 받아들이고 일부는 받아들이지 않아요."

그분께서 말씀하셨습니다. "그러면 배움은 상기이며, 만약 배움이 상기라면 우리 혼은 몸속에 갇히기 전에 어딘가 다른 곳에 존재했음이 틀림없다는 우리 논의에 대해서 자네들은 어떻게 생각하는가?" 92a

케베스가 말했어요. "나는 그때도 그 주장이 놀랍도록 설득력이 있다고 믿었지만, 지금도 여전히 어떤 주장 못지않게 그 주장이 옳다고 믿습니다."

심미아스가 말했어요. "나도 동감이에요. 그러니 내가 만약 그것에 대해 생각을 바꾼다면 내 자신이 몹시 놀라겠지요."

그러자 소크라테스 선생님께서 말씀하셨어요. "하지만 테바이에서 온 친구여, 자네는 반드시 생각을 바꾸어야 할 걸세. 만약 자네가 조화는 복합적인 것이고, 혼은 긴장 상태를 유지하는[62] 여러 육체적 요소로 구성된 조화라는 생각을 여전히 견지한다면 말일세. 설마 자네는 복합적인 조화가 그것을 구성하는 요소들보다 먼저 존재한다고 주장하지는 못할 테니까. 아니 b

---

62 '현악기의 현처럼'을 뜻한다.

면 주장할 참인가?"

"아니에요, 소크라테스 선생님!" 하고 심미아스가 말했어요.

그분께서 말씀하셨습니다. "만약 자네가 혼은 사람의 형태와 몸속으로 들어오기 전에 존재하며, 아직 존재하지도 않는 요소들로 구성되어 있다고 주장한다면 결론은 마찬가지라는 것을 자네는 모르겠는가? 자네가 말하는 조화는 분명 자네의 비교 대상과는 전혀 다르네. 뤼라와 현들과 조율되지 않은 음들이 먼저 존재하고, 조율은 맨 나중에 이루어지고 맨 먼저 소멸하니 말일세. 그러니 자네의 이 이론[63]이 다른 이론[64]과 어떻게 조화를 이루겠는가?"

"전혀 조화를 이룰 수 없겠어요" 하고 심미아스가 말했어요.

"그러나 조화를 이루는 이론이 있다면, 그것은 당연히 조화에 관한 이론일 것이네."

"당연하지요" 하고 심미아스가 말했습니다.

"자네의 두 이론은 조화를 이루지 못하네. 배움은 상기라는 이론과, 혼은 조화라는 이론 가운데 자네는 어느 것을 택할지 마음을 정하게!"

심미아스가 말했지요. "단연코 전자를 택하겠습니다, 소크라테스 선생님! 내가 논증도 거치지 않고 후자에 끌린 이유는 단지 개연성이 있고 그럴듯해 보였기 때문인데, 많은 사람이 후자에 끌리는 것도 바로 그 때문이지요. 그러나 나는 개연성을 증거로 삼는 주장은 허풍이 세며, 조심하지 않으면 기하학에서도 다른 분야에서도 우리를 속인다는 것을 알고 있어요. 반면 상기와 배움의 이론은 건전한 논의를 거쳐 정립된 것이지요. 우리는 우리 혼이 몸속에 들어오기 전에, 마치 절대적인 것이라고 불리는 실재[65]가 존재하듯, 존재한다는 데 동의했으니 말예요. 지금 나는 이런 실재를 충분하고도 정당한 근거에 입각하여 받아들였다고 확신해요. 따라서 나는 나 자신으로부터도 다른 사람으로부터도 혼은 조화라는 주장을 받아들여서는 안 된다고 생각해요."

e

그분께서 이렇게 물으셨어요. "심미아스, 이 문제를 다음과 같은 방법으로 보면 어떨까? 자네는 조화나 다른 복합체가 그것을 구성하는 요소들과 다른 상태에 있을 수 있다고 생각하는가?"

93a

"결코 그럴 수 없어요."

"또한 조화는 구성 요소들이 행하거나 당하는 것과 다른 것을 행하거나 당하지도 않겠지?"

---

63   혼이 조화라는 이론을 말한다.
64   배움이 상기라는 이론을 말한다.
65   이데아(idea). 76e 참조.

심미아스가 동의했어요.

"그러면 조화는 그 구성 요소들을 제어하는 것이 아니라, 구성 요소들이 이끄는 대로 따른다고 봐야겠지?"

심미아스가 동의했어요.

"그러면 조화가 그 구성 요소들과 상반되게 움직인다거나 소리를 낸다거나 그 밖의 다른 짓을 한다는 것은 전적으로 불가능하네."

"전적으로 불가능해요" 하고 심미아스가 말했어요.

"그렇다면 어떤가? 각각의 조화는 본성상 조율된 대로의 조화가 아닐까?"

"이해하지 못하겠어요" 하고 심미아스가 말했어요.

그분께서 말씀하셨어요. "만약 더 많이, 그리고 그렇게 할 수 있다고 보고 더 큰 규모로 조율한다면 조화는 더 완전하고 규모가 더 커질 테지만, 만약 덜 그리고 더 작은 규모로 조율한다면 조화는 덜 완전하고 규모가 작아지지 않을까?"

"물론 그렇겠지요."

"혼도 그와 마찬가지여서, 어떤 혼은 미세한 정도로나마 다른 혼보다 더 혼답거나 덜 혼다울 수 있을까?"

"전혀 그렇지 않아요" 하고 심미아스가 말했어요.

그분께서 말씀하셨어요. "자, 제우스에 맹세코, 우리는 어떤 혼은 이성과 미덕을 갖추어 선하다고 말하고, 다른 혼은 어리석고 사악하여 나쁘다고 말하는데, 이것은 옳은 말인가?"

"옳은 말이고말고요."

"그렇다면 혼이 조화라고 주장하는 사람들은 혼 안에 있는 미덕이나 사악함 같은 것들을 어떻게 설명할까? 그들은 그것이 다른 종류의 조화와 부조화라고 말할까? 그리고 그 자체가 조화인 혼에는 다른 조화가 내재하지만, 부조화한 다른 혼에는 다른 조화가 내재하지 않는다고 말할까?"

"단언할 수는 없지만 그런 주장을 하는 사람들이라면 분명 그런 말을 하겠지요." 심미아스가 말했어요.

"그러나 우리는" 하고 그분께서 말씀하셨어요. "어떤 혼도 다른 혼보다 더 혼답거나 덜 혼다울 수 없다는 데 이미 합의했네. 이것은 곧 어떤 조화도 다른 조화보다 더 또는 더 큰 규모이거나, 덜 또는 더 작은 규모일 수 없다는 데 합의한 것과 마찬가지일세. 그렇지 않은가?"

"물론 그렇지요."

"그리고 더 조화롭지 않거나 덜 조화롭지 않은 것은 더 조율되거나 덜 조율되지 않았네. 그렇겠지?"

"그렇지요."

"더 조율되지도 않고 덜 조율되지도 않은 것은 조화에 더 관여하는가, 덜 관여하는가, 아니면 같은 정도로 관여하는가?"

"같은 정도로 관여하지요."

"그러면 어떤 혼은 다른 혼보다 더도 아니고 덜도 아닌 혼이니만큼 더 조율되지도 덜 조율되지도 않았겠지?"

"그렇지요."

"그렇다면 혼은 부조화도 조화도 더 많이 내포할 수 없겠지?"

"없고말고요."

"그렇다면 또한 어떤 혼이 다른 혼보다 더 많은 사악함이나 선량함을 내포할 수 있을까? 사악함은 부조화이고 미덕은 조화라고 가정한다면 말일세."

"더 많이 내포할 수 없어요."

"오히려 심미아스, 혼이 만약 조화라면 올바른 추론에 의해 사악함을 전혀 내포하지 않을 걸세. 만약 조화가 절대적으로 조화이고 다른 어떤 것도 아니라면 분명 부조화를 내포할 수 없을 테니까."

"내포할 수 없어요."

"혼도 절대적으로 혼이고 다른 어떤 것이 아니니만큼 결코 사악함을 내포할 수 없을 것이네."

"앞서 논의한 바에 따른다면, 어떻게 내포할 수 있겠어요?"

"그러므로 이 주장에 따르면, 모든 생물의 모든 혼은 똑같이 선량할 것이네. 모든 혼이 본성적으로 똑같이 혼이고 다른 어떤 것도 아니라면 말일세."

"그런 것 같습니다. 소크라테스 선생님!" 하고 심미아스가 말했어요.

"자네는 우리의 주장이 옳다고 생각하는가?" 하고 그분께서 물으셨어요. "그리고 만약 혼이 조화라는 전제가 옳다면, 우리 논의가 여기까지 이를 수 있었을 것이라고 생각하나?"

"전혀 그렇게 생각하지 않아요" 하고 심미아스가 말했어요.

"어떤가?" 하고 그분께서 말씀하셨소. "인간의 모든 부분 가운데 자네는 혼 말고 다른 부분이 인간을 지배한다고 말할 수 있겠는가? 특히 혼이 현명할 경우에 말일세."

"나는 말할 수 없어요."

"혼은 몸의 느낌들에 순응하는가, 아니면 반대하는가? 이를테면 누가 열이 나고 갈증이 나는데도 혼이 그에게 반대로, 즉 마시지 말도록 강요하고 배가 고파도 먹지 말도록 강요하는 것을 두고 하는 말일세. 그 밖에도 우리는 혼이 몸의 본능에 반대하는 경우를 수없이 보네. 그렇지 않은가?"

"물론 보지요."

"우리는 조금 전 논의에서, 혼이 조화라면 긴장, 이완, 진동 등 구성 요소들의 조건과 상충되는 소리를 낼 수 없어 구성 요소를 따를 뿐 지도하지는 못한다고 합의하지 않았던가?"

"물론 합의했지요" 하고 심미아스가 말했어요.

"그런데 어떤가? 지금 보아하니 혼은 정반대로 작동하는 것 같지 않은가? 그 구성 요소라는 것을 지도하고, 평생 동안 거의 매사에 걸쳐 구성 요소에 반대하고, 온갖 방법으로 통제하면서. 때로는 체육과 의술 같은 가혹하고 고통스러운 방법으로 훈련시키고, 때로는 더 부드러운 방법으로 훈련시키며, 때로는 위협하고, 때로는 경고하면서. 그리고 완전히 남남인 양 욕망과 격정과 두려움과 대화를 나누면서 말일세. 그것은 마치 호메로스의 『오뒷세이아』에서 오뒷세우스가 다음과 같이 말하는 것과도 같네.

그러나 가슴을 치며 이런 말로 그는 마음을 꾸짖었다.
'참아라, 마음이여! 너는 이보다 더 험한 꼴을 보고도 참지 않았던가!'[66]

자네는 호메로스가 이런 시행들을 썼을 때 혼을 몸의 느낌에 휘둘리기 마련인 조화라고 생각했으리라고 믿는가? 그는 틀림없이 혼을 몸의 느낌을 지도하고 통제할 능력이 있는 것으로, 조화보다 훨씬 더 신성한 것으로 여겼을 걸세."

"제우스에 맹세코, 틀림없이 그랬을 거예요, 소크라테스 선생님!"

"그러면 여보게, 혼이 조화라고 말하는 것은 어떤 경우에

도 정당화될 수 없네. 우리가 그렇게 말하는 것은 신과 같은 시
인 호메로스의 생각과도, 우리 자신의 생각과도 맞지 않는 것
같으니 말일세."

"그렇지요." 하고 심미아스가 말했어요.

그분께서 말씀하셨어요. "그렇다면 됐네. 우리는 테바이의
왕비 하르모니아[67]는 웬만큼 달랜 것 같네.[68] 하지만 카드모스
문제[69]는 어떻게 하지? 케베스, 우리는 어떻게, 어떤 논의로 카
드모스를 달랠까?"

케베스가 말했어요. "그 방법은 선생님께서 찾아내시겠지
요. 아무튼 혼이 조화라는 주장에 대한 선생님의 반론은 내 기
대를 훨씬 능가하는 것이었어요. 심미아스가 어려움을 호소했 b
을 때 나는 누가 그의 주장에 대응할 수 있을까 하고 상당히 의
심했지요. 그래서 나는 그의 주장이 선생님의 첫 번째 논박에도
버티지 못하자 몹시 놀랐어요. 그러니 카드모스의 논의가 같은
운명을 맞더라도 나는 놀라지 않을 거예요."

---

66   『오뒷세이아』 20권 17~18행.
67   하르모니아(Harmonia '조화')는 전쟁의 신 아레스(Ares)와 사랑과 미의 여
      신 아프로디테(Aphrodite)의 딸로, 훗날 테바이 시의 전설적 창건자 카드모
      스(Kadmos)의 아내가 된다.
68   혼이 조화라는 문제는 웬만큼 해결한 것 같다는 뜻이다.
69   여기서 '카드모스 문제'란 혼은 죽지 않는다는 것을 증명해달라는 케베스
      의 요청을 빗대어 말한 것이다.

소크라테스 선생님께서 말씀하셨지요. "여보게, 큰소리치지 말게. 어떤 악령이 앞으로 전개될 우리의 논의를 되돌려놓는 일이 없도록 말일세. 하지만 그런 일은 신에게 맡기고 우리는 호메로스의 전사들처럼 근접전을 벌이며 자네 말에도 일리가 있는지 검토해보세. 자네가 요구하는 것은 간단히 말해 다음과 같네. 죽음을 앞두고 자기는 철학 속에서 살다가 생을 마감한 만큼 저승에 가서 더 잘 지낼 것이라고 믿는 철학자의 확신이 맹목적이고 어리석은 것이 되지 않도록, 자네는 우리 혼이 불멸 불사한다는 것이 증명되기를 원하네. 비록 우리 혼이 강력하고 신적이며 우리가 인간으로 태어나기 전에도 존재했다는 것을 증명한다 해도, 자네 주장에 따르면 그 모든 것은 혼의 불멸성이 아니라, 혼은 오래가는 것이며 우리가 태어나기 전에도 엄청난 세월 동안 어딘가에 미리 존재하며 온갖 것을 알고 행했다는 것을 말해줄 뿐이라는 것이네. 하지만 그렇다고 해서 혼이 불멸하는 것은 아니며, 오히려 혼이 사람 몸속으로 들어가는 것은 마치 질병처럼 파멸의 시작인지라 혼은 이승을 고통 속에서 살다가 결국에는 우리가 죽음이라고 부르는 것 속에서 소멸하고 만다는 것이네. 그리고 자네 주장에 따르면, 우리 각자의 두려움과 관련하여 혼이 몸속에 한 번 들어가느냐 여러 번 들어가느냐는 아무런 차이가 없네. 혼이 불멸이라는 것을 모르거나 증명할 수 없는 사람은 누구나 바보가 아닌 한 두려워

할 수밖에 없기 때문이라는 것이네. 케베스, 내 생각에 자네 주
장은 그런 것이었던 것 같네. 그리고 내가 일부러 되풀이해서
말하는 까닭은 우리가 아무것도 놓치지 않기 위함이니, 원한다
면 보탤 것은 보태고 뺄 것은 빼도록 하게."

그러자 케베스가 말했어요. "지금 당장은 빼고 싶은 것도
보태고 싶은 것도 없습니다. 내가 말하고자 했던 대로 선생님께
서 말씀하셨어요."

소크라테스 선생님께서는 하던 말을 멈추고 한참 생각에
잠겨 있다가 말씀하셨습니다. "케베스, 자네가 추구하는 것은
사소한 일이 아닐세. 생성과 소멸의 원인을 철저히 탐구해야 하
기 때문일세. 그래서 자네만 좋다면 나는 이와 관련하여 내 경
험담을 들려줄까 하네. 그러고 나서 내 이야기 가운데 자네에게
도움 되는 것이 있다 싶으면, 자네가 겪는 어려움을 해결하는
데 그것을 이용할 수 있을 것이네."

"나는 선생님의 경험담을 들어보고 싶어요" 하고 케베스
가 말했지요.

그분께서 말씀하셨어요. "그렇다면 내 이야기를 들어보게.
케베스, 젊었을 때 나는 자연 탐구라고 불리는 지혜에 몹시 열
중한 적이 있네. 개개의 사물이 생성하고 소멸하고 존속하는 원
인을 안다는 것이 내게는 대단한 일로 보였기 때문이지. 그래서
우선 다음과 같은 문제들을 고찰하느라 몇 번이나 갈팡질팡했

다네. 사람들 말처럼 열기와 냉기가 일종의 발효 작용을 일으킬 때 생물들이 생성되는가?[70] 우리가 생각할 수 있게 해주는 것은 피인가, 공기인가, 아니면 불인가? 아니면 우리에게 청각, 시각, 후각을 제공하는 것은 이런 것 가운데 하나가 아니라 뇌이고, 이런 감각에서 기억과 의견이 생성되고, 기억과 판단이 안정되면 거기에서 지식이 생성되는가? 그리고 나서 이번에는 이런 것들이 어떻게 소멸하며 하늘과 땅에서는 어떤 일이 일어나는지 고찰하다가, 마침내 그런 종류의 고찰에는 내가 전혀 소질이 없다고 확신했다네. 이에 대해 자네에게 명백한 증거를 대겠네. 나 자신이 생각하기에도 남들이 생각하기에도 전에는 내가 확실히 아는 것이 더러 있었지만, 이런 고찰로 나는 완전히 눈이 멀어 사람이 성장하는 이유가 무엇이냐를 포함하여 내가 전에는 안다고 생각했던 것들마저 잊어버렸단 말일세. 전에는, 사람이 성장하는 것은 먹고 마시기 때문이라는 것은 누가 봐도 자명하다고 생각했었지. 음식물을 섭취하여 살에 살이 보태지고, 뼈에 뼈가 보태지고, 마찬가지로 신체의 다른 부위도 고유한 성분 덕분에 늘어남으로써 작았던 덩치가 이제는 큰 덩치가 되고, 작았던 사람이 큰 사람이 되니까. 그때는 그렇게 생각했다네. 자네는 그것이 당연하다고 생각하지 않는가?"

"당연하다고 생각해요" 하고 케베스가 말했지요.

"그러면 나아가 이런 경우들도 고찰해보게. 키 큰 사람이 작은 사람 옆에 서 있는 모습을 보면 나는 그가 머리 하나쯤 더 크다고 생각하는 것으로 만족했고, 말〔馬〕들의 경우에도 그랬네. 또한 이보다 더 명확한 예를 들자면, 나는 10이 8보다 더 많은 것은 8에 2가 보태졌기 때문이고, 2완척(腕尺)[71]이 1완척보다 더 긴 것은 자신의 반만큼 1완척을 초과하기 때문이라고 생각했네."

케베스가 말했어요. "그런데 선생님께서 지금은 그런 것들에 대해 어떻게 생각하시나요?"

그분께서 말씀하셨어요. "제우스에 맹세코, 나는 그런 것 가운데 어느 것에 대해서도 그 원인을 안다는 생각이 들지가 않네. 나는 하나에 하나를 더할 때 둘이 되는 것은 처음의 하나인지 나중의 하나인지, 아니면 처음의 하나에 나중의 하나가 더해져 둘이 되는 것인지조차 자신 있게 말할 수 없으니 말일세. 나는 그것들이 서로 떨어져 있을 때는 둘이 아니고 각각이 하나였는데, 그것들이 함께 모인 지금은 이렇게 나란히 놓인 것이 그것들이 둘이 된 원인이라고 믿기는 어렵다고 보네. 또한 누가 지금 하나를 둘로 나누면 이번에는 이런 나눔이 하나가

---

70 이것은 아낙사고라스의 제자로 소크라테스와도 교분이 있던 이오니아(Ionia) 지방 출신 자연철학자 아르켈라오스(Archelaos)의 주장이라고 한다.

71 1완척(pechys)은 팔꿈치에서 가운뎃손가락 끝까지의 길이로, 약 45센티미터이다.

둘이 된 원인이라고도 믿을 수 없네. 그렇다면 이번에 둘이 된
원인은 아까 둘이 된 원인과는 정반대이기 때문이네. 그때 둘이
된 것은 하나가 다른 하나에 가까워지고 합쳐졌기 때문인데,
이번에는 하나가 다른 하나에서 떨어져 나왔기 때문이니 말일
세. 그래서 나는 왜 하나가 생기는지, 말하자면 왜 어떤 것이 생
성하고 소멸하고 존속하는지를 그런 탐구 방법으로는 아무래
도 알 수 없을 것 같기에, 그런 방법을 거부하고 나름대로 다른
방법을 한데 뒤섞어보았다네.

그러고 나서 하루는 누가 아낙사고라스가 썼다는 책을 한
구절 읽는 것을 들었는데, 그에 따르면 만물에 질서와 원인을
부여하는 것은 지성[72]이라는 것이었네. 나는 그러한 설명이 마
음에 들었고, 지성이 만물의 원인이라는 것이 어떤 의미에서는
옳아 보였네. 그래서 그런 설명이 맞는다면 지성이야말로 만물
에 질서를 부여하고 개개의 사물을 그것에 가장 좋은 방법으로
정돈하리라고 생각했네. 그래서 특정 사물이 생성하거나 소멸
하거나 존속하는 원인을 알고 싶은 사람이 있다면, 그는 어떻
게 존재하거나 당하거나 행하는 것이 그 특정 사물에 가장 좋
은지 알아내야 한다고 말일세. 그러니 그 특정 사물과 관련해
서든 다른 사물들과 관련해서든, 인간은 가장 훌륭한 것과 가
장 좋은 것만 고찰하면 된다고 말일세. 그러면 그는 필연적으로
더 못한 것도 알게 될 테니 말일세. 이 양자는 같은 인식의 대상

이니까. 이런 추론을 하던 나는 아낙사고라스가 사물의 원인을 가르쳐줄, 내 마음에 드는 스승이 되어줄 수 있으리라고 생각하니 마음이 흐뭇했네. 또 나는 그가 먼저 지구가 평평한지 둥근지 말해주고 나서 어느 쪽이 더 나은지, 지구가 그런 것이 왜 더 나은지 그 이유를 자세히 설명해주리라고 생각했네. 그래서 만약 지구가 중앙에 있다고 주장한다면, 중앙에 있는 것이 지구에게 더 낫다는 것을 그가 자세히 설명해주리라고 생각했네. 그리고 그가 이런 것들을 밝혀준다면 나는 더 이상 다른 원인을 갈구하지 않기로 결심했네. 마찬가지로 해와 달과 다른 천체와 관련하여 그것들의 상대적인 속도와 궤도, 그것들과 관련된 다른 현상들 그리고 지금처럼 행하거나 당하는 것이 어째서 그것들 각각에 더 나은지를 배울 준비가 되어 있었네. 지성이 사물에 질서를 부여한다고 주장하는 사람이라면 사물에는 지금의 상태가 가장 좋다는 것 외에 다른 이유를 대리라고는 상상할 수 없었으니까. 그래서 나는 그가 개별 현상과 우주 전체에 대한 원인을 제시한 다음 각자에게 무엇이 최선이며, 모두에게 무엇이 공동선인지 설명해줄 줄 알았지. 그래서 아무리 많은 돈을 준다 해도 이런 희망을 단념하고 싶지 않았던 나는 무엇이 최선이며 무엇이 최악인지 되도록 빨리 알기 위해 서둘러 서책

72 nous.

들을 구해 가지고 되도록 빨리 읽었네.

그러나 여보게, 이 놀라운 희망은 금세 사라지고 말았네. 책을 읽어가면서 나는 그가 지성을 활용하여 사물에 질서를 부여하는 것은 지성의 소관이라고 설명하기는커녕 대기, 아이테르,[73] 물, 그 밖의 온갖 이상한 것을 그 원인으로 내세우는 것을 보았기 때문이지. 내가 보기에 그것은 마치 누가 소크라테스의 모든 활동은 그의 지성 덕분이라고 말해놓고는, 나의 개별 행위를 설명하기 위해 먼저 내가 지금 여기 앉아 있는 것은 내 몸이 뼈와 근육으로 구성되어 있기 때문이라고, 뼈는 단단하고 관절 부분에서 서로 분리되어 있지만 근육은 수축과 이완이 가능하여 뼈를 함께 붙잡아주는 살과 살갗과 더불어 뼈를 감싸고 있기 때문이라고, 그래서 뼈가 관절 안에서 움직일 때 근육이 수축하고 이완함으로써 지금 내가 사지를 구부릴 수 있게 해주는 것이라고, 또 바로 이것이 내가 지금 두 다리를 구부리고 여기 앉아 있는 이유라고 말하는 것과도 같네. 또한 이번에는 내가 자네들과 대화하는 것과 관련해서도 그가 목소리, 대기, 청각, 수많은 그 밖의 다른 것을 원인으로 제시하면서도, 아테나이인들이 내게 유죄 판결을 내리는 것이 최선이라고 판단했고, 그래서 내가 여기 앉아 있는 것이 내게는 최선이며 이곳에 남아 아테나이인들이 어떤 벌을 내리든 감수하는 것이 옳다고 여겼기 때문이라고 진짜 원인들은 언급하지 않는 것과도 같네. 개

에 걸고 맹세하건대,[74] 나라가 내게 어떤 벌을 내리든 도망치고

달아나기보다는 그것을 감수하는 쪽이 더 옳고 더 명예롭다고

생각하지 않는다면 내 이 근육과 뼈는 무엇이 최선의 것이라

는 나름대로의 판단에 이끌려 아마 벌써 오래전에 메가라나 보

이오티아[75]에 가 있었겠지! 그러나 그런 것들을 원인이라고 하

는 것은 전혀 사리에 맞지 않네. 나에게 뼈와 근육과 그 밖에 내

가 가진 다른 것이 없으면 내가 최선이라고 판단한 것을 행할

수 없을 것이라고 말하는 사람이 있다면, 그는 참말을 하는 것

이겠지. 하지만 내 행동은 지성으로 통제되는데도, 내가 그렇

게 행동하는 이유는 최선의 것을 선택했기 때문이 아니라 뼈와

근육 따위 때문이라고 말하는 것은 아주 경솔한 발언이네. 그

렇게 말하는 것은 진정한 원인과, 그것 없이는 원인이 원인일

수 없는 조건을 구별하지 못하기 때문이지. 그런데 내가 보기에

대부분의 사람은 어둠 속에서 더듬어 찾다가 이 후자가 원인이

라며 엉뚱한 이름을 붙이는 것 같아. 그래서 어떤 사람은 지구

를 소용돌이로 둘러싸 하늘 아래 머물게 하는가 하면,[76] 또 어

---

73 aither. 땅 위의 탁한 대기(aer)와는 달리 상층의 맑은 공기를 말한다.

74 『소크라테스의 변론』 22a와 주 19 참조.

75 『크리톤』 53b와 주 13 참조.

76 아리스토텔레스(Aristoteles), 『하늘에 관하여』(*Peri ouranou*) 295a 16~21에

따르면, 이것은 엠페도클레스(Empedokles)의 주장이라고 한다.

떤 사람은 지구를 대기라는 받침대 위에 올려놓은 널찍한 반죽
통으로 여기는 거지.[77] 그러나 그들은 사물이 지금 가능한 최선
의 상태에 있게 해주는 힘을 찾지도 않고, 그 힘이 어떤 신적인
힘을 가진다고 믿지도 않으며, 오히려 언젠가는 더 강력하고
더 불사하며 모든 것을 포괄하는 아틀라스[78]를 찾아낼 것이라
고 생각한다네. 그들은 모든 것을 포용하고 함께 묶어주는 것은
사실은 선(善)이 요구하기 때문이라는 생각을 못하는 거지. 그
러한 원인의 작동에 관해 가르쳐줄 수 있는 사람이 있다면 그
가 누구든 나는 기꺼이 그의 제자가 되었을 것이네. 그러나 그
럴 기회가 주어지지 않아서 나는 그것을 스스로 알아내지도 못
하고 남에게 배울 수도 없었기에 원인을 찾아 나름대로 두 번
째 항해[79]에 나섰다네. 케베스, 자네는 내가 어떻게 두 번째 항
해를 했는지 설명해주기를 바라는가?"

"설명해주시면 정말 좋겠어요" 하고 케베스가 말했어요.

그분께서 말씀하셨지요. "그런 다음 사물을 고찰하느라 지
치자 일식 때 해를 관찰하는 사람에게 일어나는 불운이 내게는
일어나지 않도록 조심해야겠다는 생각이 들었네. 그들 중 더러
는 물 같은 것에 비친 해의 영상을 관찰하지 않다가 눈을 버리
는 일을 당하곤 하기 때문에 하는 말일세. 그 비슷한 생각이 들
자, 내가 대상을 맨눈으로 관찰하고 각각의 감각기관으로 파악
하려다가는 내 혼이 완전히 눈멀지 않을까 두려웠네. 그래서 나

는 이론으로 도피하여 이론을 이용해서 사물에 관한 진리를 찾아내기로 결심했지. 하지만 내가 하는 이런 비유는 그다지 적절한 것 같지 않네. 왜냐하면 나는 이론을 통해 사물을 고찰하는 100a 사람이 구체적 사실 속에서 사물을 고찰하는 사람보다 더 많이 사물을 영상 속에서 탐구한다고는 전혀 인정하지 않기 때문일세. 아무튼 나는 다음과 같은 방법으로 시작했네. 말하자면 매번 가장 강력하다고 판단되는 이론을 가정하고 나서, 원인이나 그 밖의 다른 것과 관련하여 이 이론과 일치하는 것으로 보이는 것은 무엇이든 진리로 간주하고, 일치하지 않는 것은 무엇이든 진리가 아닌 것으로 간주하는 것이었네. 하지만 자네가 아직 이해하지 못하는 것 같아 내 말뜻을 더 명확하게 설명해주고 싶네."

77 같은 책 294b 13~15에 따르면, 이것은 아낙시메네스(Anaximenes), 아낙사고라스, 데모크리토스(Demokritos)의 주장이라고 한다.

78 아틀라스(Atlas)는 티탄(Titan) 신족 가운데 하나로, 두 어깨로 하늘을 떠메고 있다고 한다.

79 '두 번째 항해'(deuteros plous)는 순풍에 따라 노를 젖는 것이 아니라 그 반대 방향으로 항해하는 어려운 항해를 가르키는 말로 보인다. 논의 방향, 탐구 방향을 바꾼다는 뜻으로 볼 수도 있는데, 두 번째 항해는 새로운 지적 탐구를 비유한 것으로, 자연에 대한 탐구에서 인간과 도덕에 대한 탐구로 전환하는 것을 말하는 듯하다. 자연에 대한 탐구로는 아름다움, 선, 혼의 본질에 관하여 밝힐 수 없기 때문이다.

"제우스에 맹세코, 완전히 이해하지는 못하겠어요" 하고 케베스가 말했지요.

그분께서 말씀하셨습니다. "좋아, 내 말뜻은 다음과 같은 것이네. 그것은 새로운 것이 아니라, 내가 지난번 토론 때뿐 아니라 다른 때도 늘 말하던 것이네. 말하자면 나는 스스로 찾아낸 원인의 본성을 자네에게 설명하겠다는 것이며, 우리에게 친숙한 주제들로 되돌아가서 그것들을 출발점으로 삼아 아름다운 것 자체, 선한 것 자체, 큰 것 자체 등등이 존재한다고 가정하겠다는 것이네. 만약 자네가 이런 가정을 인정하고 그런 것들이 존재한다는 데 동의한다면, 나는 아마도 그것들에 힘입어 자네에게 원인을 설명하고 혼이 불멸한다는 것을 증명할 수 있을 걸세."

"선생님께서는 내가 인정한다고 가정하시고 어서 결론을 말씀해주세요" 하고 케베스가 말했습니다.

그분께서 말씀하셨지요. "그러면 다음 단계에서도 자네가 나와 생각을 같이하는지 살펴보게나. 나는 아름다운 것 자체 외에 어떤 것이 아름다운 까닭은 그것이 아름다운 것 자체에 관여하기 때문이며 그 밖의 다른 어떤 것 때문도 아니라고 생각하네. 또한 나는 모든 것이 그렇다고 주장하네. 자네는 이런 종류의 원인에 동의하는가?"

"동의하지요" 하고 케베스가 말했습니다.

그분께서 말씀하셨어요. "나는 이제 더 이상 저 교묘한 다른 원인들은 이해할 수도, 인정할 수도 없네. 어떤 사물이 아름다운 것은 그것이 화사한 색깔이나 모양이나 그 밖의 그런 종류의 것을 지니기 때문이라고 말하는 사람이 있다면, 나는 다른 설명들은 모두 무시하고—다른 설명들은 모두 나를 혼란스럽게 만드니까—단순하고 솔직하게, 어쩌면 우직하게, 그 사물을 아름답게 만드는 것은 아름다운 것 자체가 그 사물에 내재하거나 어떤 방법으로든 그 사물과 관계를 맺기 때문이라는 설명에 매달린다네. 이러한 관계가 어떻게 성립되는지 단언하지는 못하지만, 아름다운 것들이 아름다운 것은 아름다운 것 자체에 의해서라고 단언할 수는 있네. 이것이 내가 나 자신과 남에게 줄 수 있는 가장 안전한 대답이라고 생각하며, 내가 이 대답을 견지하는 한 넘어지는 일은 없을 것이라고 믿기 때문일세. 아름다운 것들이 아름다운 것은 아름다운 것 자체에 의해서라고 대답하는 것은 나에게도 남에게도 안전하다네. 자네는 이에 동의하지 않는가?"

"동의해요."

"그러면 큰 것들이 크고 더 큰 것들이 더 큰 것은 큼에 의해서이고, 더 작은 것들이 더 작은 것은 작음에 의해서겠지?"

"네."

"그렇다면 자네도 어떤 사람이 다른 사람보다 머리 하나만큼 더 크다거나 더 작은 사람이 머리 하나만큼 더 작다고 말하면 이를 받아들이지 않고, 무엇이든 더 큰 것은 바로 큼에 의해서 더 크므로 큼이 그것이 더 큰 원인이고, 무엇이든 더 작은 것은 바로 작음에 의해서 더 작으므로 작음이 그것이 더 작은 원인이라고만 말할 뿐이라고 항의할 것이네. 자네가 그렇게 말하는 이유는 아마도 자네가 한 사람이 다른 사람보다 머리 하나만큼 더 크다고 말하다가는 반박당할까 두렵기 때문이겠지. 그렇게 말하면 첫째, 똑같은 것에 의해 더 큰 사람이 더 큰 것이 되고 더 작은 사람이 더 작은 것이 되는 셈이고, 둘째, 더 큰 사람이 작은 것인 머리에 의해 더 큰 것이 되니 누군가 작은 것에 의해 큰 것이 된다는 것은 기이한 일이라고 반박할 테니 말일세. 자네는 그 점이 두렵지 않은가?"

그러자 케베스가 웃으며 말했어요. "나는 두려워요."

그분께서 말씀하셨지요. "그렇다면 자네는 10은 더 큰 수임으로 해서 또는 더 큰 수이기 때문에 8보다 더 많다고 말하는 대신, 10은 2에 의해 8보다 더 많다거나, 2가 10이 8을 초과하는 원인이라고 말하기를 두려워하겠구먼. 또한 2완척이 1완척보다 더 큰 것은 크기에 의해서라기보다는 절반에 의해서라고 말하기도 두려워하겠고? 여기에도 같은 두려움이 도사리고 있으니까 말일세."

"물론이지요" 하고 케베스가 말했어요.

"어떤가? 하나에 하나가 더해지거나, 하나가 둘로 나누어질 경우 더하기나 나누기가 둘이 된 원인이라고 말하기를 자네는 삼가지 않을까? 그리고 자네는 목청을 돋우어 소리치겠지. 각각의 사물이 생성될 수 있는 것은 그것이 특정 본질에 관여하기 때문이라는 것 말고는 달리 설명할 방법이 없노라고. 그래서 내가 방금 언급한 경우들에서도 어떤 것이 둘이 되는 것은 그것이 둘에 관여하기 때문이라는 것 말고는 다른 이유를 댈 수 없노라고. 또한 무엇이든 둘이 되려고 하는 것은 둘에 관여해야 하며, 하나가 되려고 하는 것은 하나에 관여해야 한다고 말일세. 그리고 자네는 나누기나 더하기나 그 밖의 다른 미묘한 것들은 자네보다 더 지혜로운 사람들이 설명하도록 맡겨둔 채 거들떠보지도 않을 것이네. 그리고 자네는 속담에 나오는 말[馬]처럼 자신의 그림자[80]와 미숙함이 겁나 우리의 저 안전한 원칙에 매달리며 그것에 맞게 대답할 것이네. 그리고 원칙 자체를 공격하는 사람이 있다면, 자네는 그를 무시하고 그 원칙에서 도출되는 결론들이 서로 부합하는지 아니면 서로 모순되는지 검토하기 전에는 대답하지 않을 것이네. 그리고 원칙 자체를 입증해야 할 때도 자네는 같은 방식으로 설명하겠지. 적절한 원

---

80 말이 제 그림자를 보고 놀라는 데서 따온 말인데, 여기서는 앞뒤가 맞지 않는 말을 퍼뜨리는 사람이라는 평을 들을까 두렵다는 뜻인 것 같다.

칙에 이를 때까지 더 상위의 원칙 가운데 최선이라고 생각되는 또 다른 원칙을 가정함으로써 말일세. 자네는 논객들처럼 논의의 출발점과 그 결론을 동시에 토론함으로써 이 둘을 한데 뒤섞지는 않을 것이네. 자네가 진리를 찾아내기를 원한다면 말일세. 논객들은 진리를 찾아낼 생각이 전혀 없고 관심도 없는 것 같기에 하는 말일세. 그도 그럴 것이, 그들은 영리한 사람들인지라 모든 것을 능히 한데 뒤섞을 수 있어 그것에서 자기만족을 느끼기 때문이지. 그러나 자네는 내가 말한 대로 할 것이라고 생각하네. 자네가 철학자라면 말일세."

"지당한 말씀입니다" 하고 심미아스와 케베스가 동시에 말했지요.

에케크라테스 제우스에 맹세코, 그렇게 말할 만도 하지요, 파이돈. 그분은 삼척동자라도 알아들을 수 있을 만큼 분명하게 말한 것 같으니까요.

파이돈 그렇고말고요, 에케크라테스. 자리를 함께한 사람들도 누구나 그렇게 느꼈답니다.

에케크라테스 그랬겠지요. 그 자리에 함께하지 못하고 지금 처음 듣는 우리도 같은 느낌이니까요. 그런데 토론은 어떻게 계속됐지요?

파이돈 내가 기억하기에, 이런 것들이 받아들여지고 나서 각각의 형상[81]들이 존재하며 다른 것들이 이들 형상에서 이름을 따오는 것은 이들 형상에 관여하기 때문이라는 데 합의가 이루어 지자 그분께서는 다음과 같이 물으셨어요. "자네가 이에 동의한다면, 심미아스는 소크라테스보다는 크지만 파이돈보다는 작다고 말할 때 자네는 심미아스 안에는 큼도 있고 작음도 있다고 말하는 것이 아닌가?"

"그렇지요."

"하지만 자네는" 하고 그분께서 말씀하셨어요. "'심미아스는 소크라테스보다 크다'라는 말이 그렇게 표현해서는 사실을 정확하게 반영하지 못한다는 데 동의하는가? 심미아스가 소크라테스보다 큰 것은 그가 심미아스이기 때문이 아니라, 그가 우연히 가진 큼 때문일 테니까. 또한 심미아스가 소크라테스보다 큰 것은 소크라테스가 소크라테스이기 때문이 아니라, 소크라테스가 작음을 가진 데 견주어 심미아스는 큼을 가졌기 때문일 테니까 말일세."

"옳은 말씀이에요."

"그리고 심미아스가 파이돈보다 작은 것은 파이돈이 파이돈이기 때문이 아니라, 심미아스가 작음을 가진 데 견주어 파이돈은 큼을 가졌기 때문이겠지?"

"그렇지요."

---

81 에이도스(eidos). 이데아와 같은 뜻이다.

"그래서 심미아스는 작다고도 불리고 크다고도 불리는 것이지. 그것은 그가 두 사람의 중간이어서 자신의 작음이 한 사람의 큼에 의해 능가당하게 되지만 다른 사람의 작음에 대해서는 그것을 능가하는 큼을 과시하기 때문이지." 그러시더니 그분께서는 웃음 지으며 말씀을 이으셨습니다. "내 말이 학술 논문처럼 딱딱하게 들릴지 모르지만, 아무튼 사실은 분명 내가 말한 대로일세."

케베스가 동의했지요.

"내가 이런 말을 하는 이유는 자네도 나처럼 생각하기를 바라기 때문일세. 내가 생각하기에, 큼 자체만이 동시에 크기도 하고 작기도 하기를 결코 원하지 않을 뿐 아니라, 우리 안의 큼도 결코 작음을 받아들이거나 자신이 능가당하게 내버려두려 하지 않을 것이 분명하네. 그보다는 오히려 다음 둘 중 하나겠지. 큼은 자신과 대립되는 작음이 다가오면 양보하고 물러서거나, 작음이 다가왔을 때는 이미 소멸해버렸겠지. 그러나 큼은 작음을 받아들일 수 없네. 내가 작음을 받아들였듯이 말일세. 큼이 그렇게 하면 이전의 자신과 다른 것이 될 것이네. 작음을 받아들인 나는 작기는 해도 여전히 같은 사람이지만 말일세. 그러나 우리 안의 큼은 큰 것이기에 작은 것일 수 없네. 마찬가지로 우리 안의 작음도 결코 큰 것이 되거나 큰 것이기를 바라지 않네. 대립되는 그 밖의 다른 것도 이전의 자신으로 남아 있으면서 동시에 자기와 대립되는 것이 되거나, 자기와 대립되는 것일 수 없네. 그런 상황에서는 그것은 물러서거나 소멸해버릴 것이네."

"전적으로 동의합니다" 하고 케베스가 말했어요.

이 말을 듣고 누군지 정확히 기억나지는 않지만 동석자 가운데 한 사람이 다음과 같이 말했어요. "신들께 맹세코, 앞서의 논의[82]에서 우리는 지금 여러분이 논의하는 것과 정반대되는 것에 동의하지 않았던가요? 더 작은 것에서 더 큰 것이 생기고, 더 큰 것에서 더 작은 것이 생기며, 대립되는 것들은 정확히 그와 대립되는 것들에서 생긴다고 말예요. 그러나 지금 우리는 그런 일은 일어날 수 없다고 말하는 것 같군요."

그러자 소크라테스 선생님께서 고개를 돌려 듣고 나서 말씀하셨어요. "자네는 용감하게 상기시켜주었네만, 지금 말한 것과 그때 말한 것의 차이를 모르는구면. 그때 우리가 말한 것은 대립되는 것은 자기와 대립되는 것에서 생긴다는 것이었지만, 지금 우리가 말하는 것은 대립되는 것 자체는 우리 안의 것이든 자연 안의 것이든 결코 대립되는 것 자체가 될 수 없다는 것이네. 여보게, 그때는 우리가 대립되는 것을 가진 사물에 관해 말하면서 후자를 전자의 이름으로 불렀지만, 지금은 그것이

b

---

82 70e~71a 참조.

내재함으로써 사물에 자신의 이름을 부여하는 대립되는 것 자체에 관해 말하고 있단 말일세. 그리고 우리의 주장인즉 대립되는 것 자체는 결코 서로가 서로에서 생길 수 없다는 것이지."
이렇게 말씀하시고 그분께서는 케베스를 보며 말씀하셨어요.
"케베스, 자네도 이 사람이 그런 말을 한다고 혼란에 빠지지는 않았겠지?"

"지금은 그렇지 않아요" 하고 케베스가 말했어요. "솔직히 말씀드리면, 이의 제기 때문에 내가 혼란에 빠진 적이 한두 번이 아니지만 말예요."

"그렇다면 우리는" 하고 그분께서 말씀하셨어요. "대립되는 것이 결코 자기와 대립되는 것일 수 없다는 데 무조건 동의했네."

"그러고말고요" 하고 케베스가 말했어요.

"그러면 다음에 대해서도 자네가 나한테 동의하는지 살펴보게나. 자네가 더위라 부르는 것이 있고, 추위라 부르는 것이 있는가?"

"네."

"자네는 그것들이 눈(雪)이나 불과 같은 것이라고 생각하는가?"

"제우스에 맹세코, 전혀 그렇지 않아요."

"오히려 더위는 불과 다른 것이고, 추위는 눈과 다른 것인가?"

"네."

"우리가 앞서 말한 것에 비추어, 눈이 눈인 한 더위를 받아들이고도 여전히 눈으로 남아 있으면서 동시에 뜨거울 수는 결코 없으며, 더위가 다가오면 눈은 물러서거나 소멸해버릴 것이라는 데에 자네도 동의하리라고 나는 생각하네."

"물론 동의하지요."

"불 또한 추위가 다가오면 물러서거나 소멸해버릴 것이네. 불이 감히 추위를 받아들이고도 여전히 불로 남아 있으면서 동시에 차가울 수는 없을 것이네."

"옳은 말씀이에요" 하고 케베스가 말했어요.

"그런 것 중 몇몇 경우 형상[83]이라는 이름은 형상 자체뿐 아니라, 형상은 아니지만 형상의 특징을 띨 수밖에 없는 다른 것에도 영원히 적용할 수 있다는 것은 엄연한 사실이네. 내 말뜻을 더 분명하게 하기 위해 다른 예를 하나 들겠네. 홀수는 언제나 우리가 사용하는 홀수라는 이름을 가져야 하네. 그렇지 않은가?"

"물론 그렇지요."

"그러나 내 질문은 이것이 홀수라고 불리는 유일한 것이

---

83   이데아.

냐, 아니면 홀수와 같지는 않지만 우리가 그 자체의 이름뿐 아니라 그 본성상 홀수와 불가분의 관계에 있기에 홀수라는 이름을 언제나 적용해야만 하는 다른 것도 있느냐 하는 것일세. 이를테면 3이라는 수를 두고 하는 말일세. 그 밖에도 얼마든지 예를 들 수 있지만, 3이라는 수에 관해 고찰해보게. 자네는 3이 언제나 그 자체의 이름뿐 아니라 홀수라는 이름으로도 불리어 마땅하다고 생각하지 않는가? 비록 홀수와 3이 같은 것은 아니지만 말일세. 그러나 3이라는 수와 5라는 수와 전체 수의 절반은

저마다 그 본성상 언제나 홀수이네. 비록 그것들이 홀수와 같은 것은 아니지만 말일세. 마찬가지로 2와 4와 나머지 수의 열(列)도 저마다 짝수와 같은 것은 아니지만 언제나 짝수일세. 자네는 동의하는가, 동의하지 않는가?"

"어찌 동의하지 않겠어요?" 하고 케베스가 말했지요.

"그렇다면 내가 밝혀두고자 하는 바를 살펴보도록 하게. 그것은 바로 저 대립되는 것들만이 서로를 받아들이지 않을 뿐 아니라 서로 대립되지는 않지만 대립되는 것을 항상 내포하는 것들 또한 그 점에서는 모두 마찬가지여서, 이것들도 자신들에 내포된 이데아에 대립되는 이데아를 받아들이기는커녕 대립되

는 이데아가 다가오면 소멸하거나 물러서는 듯하다는 것이네. 3이라는 수는 여전히 3으로 남아 있으면서 짝수가 되느니 그 전에 소멸하거나 그 밖의 다른 운명을 겪을 것이라고 우리는

말하게 되지 않을까?"

"물론 그렇게 말하게 되겠지요" 하고 케베스가 말했어요.

"게다가 2라는 수는 3이라는 수에 대립되지도 않네" 하고 그분께서 말씀하셨어요.

"대립되지 않지요."

"그렇다면 대립되는 형상들만이 서로의 공격을 감당하지 못하는 것이 아니라, 그 밖에도 대립되는 것들의 공격을 감당하지 못하는 것들이 더러 있네."

"지당한 말씀이에요" 하고 케베스가 말했지요.

"우리가 할 수만 있다면," 하고 그분께서 말씀하셨어요. "자네는 이것들이 어떤 것인지 규정하기를 원하는가?"

"물론이지요."

"케베스, 그것들은" 하고 그분께서 말씀하셨어요. "무엇을 점유하든 그것이 자신들의 이데아뿐만 아니라 어떤 대립되는 것의 이데아도 갖도록 항상 강요하는 그런 것들이겠지?"

"무슨 말씀이신지요?"

"우리가 방금 말한 그대로일세. 3의 이데아가 점유하는 것은 필연적으로 3이자 홀수일 수밖에 없다는 것은 자네도 분명 알 테니까."

"물론 알지요."

"그리고 그런 것은 이런 결과를 낳는 특성[84]에 대립되는 이데아를 결코 받아들일 수 없다는 것이 우리의 주장일세."

"없고말고요."

"그렇다면 그런 결과를 낳는 것은 홀수의 이데아겠지?"

"네."

"그리고 그것에 대립되는 것은 짝수의 이데아겠지?"

"네."

e "그렇다면 짝수의 이데아는 결코 3에 다가가지 않을 걸세."

"결코 다가가지 않을 거예요."

"그렇다면 3은 짝수와는 무관하네."

"무관해요."

"그렇다면 3은 짝수가 아니네."

"네, 아니에요."

"내가 규정하려고 했던 것은, 무엇인가에 직접 대립되지 않으면서도 거기에 내포된 대립되는 것을 받아들이지 않는 것들이 어떤 것들이냐 하는 것이었네. 그것은 방금 보았듯이, 3이 짝수에 대립되는 것이 아닌데도 짝수에 대립되는 것과 언제나 동행하기에 짝수를 받아들이지 않는 것과도 같네. 2와 홀수, 불 105a 과 추위 등등의 관계도 마찬가지일세. 자네는 다음과 같은 정의를 받아들일 수 있는지 살펴보게. 대립되는 것만이 대립되는 것을 받아들이지 않는 것이 아니라, 자기가 점유하는 것 속으로 대립되는 것과 동행하는 것도 있는데, 대립되는 것과 동행하는 것 역시 자신이 동행하는 것에 대립되는 것을 결코 받아들이지 않을 것이네. 내가 자네의 기억을 되살려주겠네. 자꾸 듣는다고 해서 더 나쁠 것은 없을 테니까. 5는 짝수의 이데아를 받아들이지 않고, 그 배수(倍數)인 10은 홀수의 이데아를 받아들이지 않을 것이네. 배수 자체는 다른 것[85]에 대립되지만 기수의 이데아를 받아들이지 않을 것이네. 1과 2분의 1이나, 2분의 1 또는 3분의 1 등의 분수도 정수(整數)의 이데아를 받아들이지 않을 것이네. 자네도 이에 동조하고 동의한다면 말일세."

b

"전적으로 동의하고 동조해요" 하고 케베스가 말했지요.

"그러면 처음부터 다시 시작하되," 하고 그분께서 말씀하셨어요. "내가 질문하는 말로 대답하지 말고 내가 하는 대로 따라 해주게. 이런 말을 하는 까닭은, 이제까지 논의한 결과 지금은 내가 처음에 말했던 '안전한 대답'[86] 말고도 다른 안전한 대답이 보이기 때문일세. 만약 자네가 무엇이 들어갔기에 몸이 뜨거우냐고 묻는다면, 나는 열이 들어갔기 때문이라고 안전하고 우직하게 대답하지 않고, 이제까지의 논의에 힘입어 불이 들어갔기 때문이라고 더 세련되게 대답할 것이네. 그리고 자네가 무

c

---

84   morphe. 여기서는 형상이나 이데아와 같은 뜻으로 쓰이고 있다.

85   예컨대 단수.

86   100d 참조.

엇이 들어갔기에 몸이 아프냐고 묻는다면, 나는 병이라고 말하지 않고 열이라고 말할 것이네. 마찬가지로 자네가 무엇이 들어 있기에 수가 홀수가 되느냐고 묻는다면, 나는 홀수라고 말하지 않고 1이라고 말할 것이네. 그 밖의 다른 경우에도 나는 그런 식으로 대답할 것이네. 이제 내가 원하는 바를 자네가 충분히 이해했는지 살펴보게."

"충분히 이해했어요" 하고 케베스가 말했어요.

그분께서 말씀하셨지요. "그렇다면 대답해주게. 무엇이 들어 있기에 몸이 살아 있는가?"

"혼이 들어 있기 때문이지요" 하고 케베스가 말했어요.

"언제나 그런가?"

"물론이지요" 하고 케베스가 말했어요.

"혼은 무엇을 점유하든 항상 그것에 생명을 가져다주는가?"

"네, 가져다주어요" 하고 케베스가 말했습니다.

"생명에 대립되는 것이 있는가, 없는가?"

"있어요" 하고 케베스가 말했지요.

"그게 뭐지?"

"죽음이지요."

"그렇다면 혼은 자기와 동행하는 것에 대립되는 것은 결코 받아들이지 않겠지? 앞서 우리가 합의한 바에 따르면 말일세."

"단연코 받아들이지 않을 거예요" 하고 케베스가 말했습니다.

"어떤가? 짝수의 이데아를 받아들이지 않는 것을 우리는 방금 뭐라고 불렀던가?"

"짝수가 아닌 것이라고 했어요" 하고 케베스가 말했어요.

"정의를 받아들이려 하지 않는 것과 음악을 받아들이려 하지 않는 것은 뭐라고 부르는가?"

"음악적이지 않은 것과 불의한 것이라 부르지요" 하고 케베스가 말했어요.

"좋았어. 죽음을 받아들이지 않는 것은 우리가 뭐라고 부르는가?"

"죽지 않는 것이라고 부르지요" 하고 케베스가 말했습니다.

"혼은 죽음을 받아들이지 않겠지?"

"네, 받아들이지 않아요."

"그러면 혼은 죽지 않네."

"죽지 않아요."

"좋았어" 하고 그분께서 말씀하셨지요. "그러면 혼이 죽지 않는다는 것이 증명되었다고 말할 수 있겠지? 자네 생각은 어떤가?"

"충분히 증명되었어요, 소크라테스 선생님!"

"어떤가, 케베스?" 하고 그분께서 말씀하셨어요. "홀수가 필연적으로 불멸한다면 3도 불멸하겠지?"

"왜 아니겠어요?"

"또한 뜨겁지 않은 것도 필연적으로 불멸한다면, 어떤 이가 눈〔雪〕에다 열을 가할 때마다 눈은 손상되지 않고 녹지 않은 채 뒤로 물러서겠지? 눈은 소멸할 수도 없고, 이전 상태로 남아 있으면서 열을 받아들일 수도 없으니 말일세."

"옳은 말씀이에요" 하고 케베스가 말했어요.

"마찬가지로 차갑지 않은 것이 불멸한다면, 차가운 것이 불을 공격할 때마다 불은 꺼지지도 소멸하지도 않고, 손상되지 않은 채 떠나가겠지."

"당연하지요" 하고 케베스가 말했어요.

그분께서 말씀하셨어요. "그렇다면 죽지 않는 것에 대해서도 같은 말을 해야 하지 않을까? 죽지 않는 것은 소멸할 수도 없다면, 죽음이 다가온다고 해서 혼이 소멸한다는 것은 불가능하네. 우리가 앞서 말한 바에 따르면, 혼은 죽음을 받아들일 수도 없고 죽어 있을 수도 없기 때문일세. 마찬가지로 우리는 3과 홀수는 결코 짝수가 될 수 없고, 불과 불 속의 열 역시 차가울 수 없다고 주장했네. 누가 이의를 제기할 수도 있겠지. '그러나 우리가 합의한 대로 짝수가 다가간다고 해서 홀수가 짝수가 되지는 않는다 해도 홀수가 소멸하고 짝수가 그 자리를 차지하는 것[87]을 무엇이 막는단 말이오?' 이렇게 이의를 제기하는 사람에게 우리는 홀수가 소멸하지 않는다고 주장할 수 없네. 짝수가 아니라고 해서 소멸하지 않는 것은 아니니까. 만약 그렇다고 합의했다면, 우리는 짝수가 다가오면 홀수와 3이 떠나간다고 말함으로써 그를 쉽게 침묵시킬 수 있을 것이네. 또한 우리는 불과 열과 그 밖의 다른 것들에 대해서도 비슷한 답변을 할 수 있을 것이네. 그렇지 않은가?"

"물론 그렇게 답변할 수 있지요."

"그런데 죽지 않는 것은 소멸할 수도 없다고 우리가 동의한다면, 혼은 죽지 않을뿐더러 소멸하지도 않을 것이네. 우리가 동의하지 않는다면 다른 논의가 필요할 것이고."

케베스가 말했어요. "그와 관련해서라면 논의가 필요 없어요. 죽지 않는 영원한 것이 소멸을 면할 수 없다면 소멸을 면할 수 있는 것은 아무것도 없을 테니까요."

소크라테스 선생님께서 말씀하셨어요. "신과 생명의 형상자체와 그 밖에 죽지 않는 것은 결코 소멸하지 않는다는 데 모두 동의할 것이라고 나는 생각하네."

"제우스에 맹세코, 모든 사람이 동의하겠지요. 그리고 신들도 동의하리라고 나는 생각해요."

"죽지 않는 것은 소멸할 수도 없으니, 혼이 죽지 않는 것이

d

e

---

87   105a 참조.

라면 소멸할 수도 없겠지?"

"그야 당연하지요."

"그렇다면 죽음이 어떤 사람에게 다가갈 경우 아마도 그의 죽게 되어 있는 부분은 죽겠지만, 그의 죽지 않는 부분은 손상되지 않고 소멸하지 않은 채 죽음에 자리를 내주고 떠나갈 것이네."

"그럴 것 같아요."

"그렇다면 케베스," 하고 그분께서 말씀하셨어요. "혼은 죽지도 않고 소멸하지도 않으니, 우리 혼은 실제로 저승에 가서 살 것이 무엇보다 확실하네."

"소크라테스 선생님," 하고 케베스가 말했습니다. "나는 전혀 이의가 없으며, 선생님의 말씀이 진리라는 것을 추호도 의심하지 않아요. 그러나 여기 심미아스나 다른 어떤 사람이 할 말이 있다면 잠자코 있지 않는 것이 좋겠어요. 뒤로 미루다가는 이들 주제에 관해 더 말하고 더 듣고 싶어도 언제 그럴 기회가 날지 알 수 없으니까요."

심미아스가 말했어요. "나는 선생님 말씀과 관련하여 이제는 모든 의혹이 해소되었어요. 그렇지만 주제가 워낙 거창한 데다 나는 인간적 약점을 과소평가하는 터라, 논의된 것들과 관련하여 마음속에 일말의 의혹이 남는 것은 어쩔 수가 없네요."

"좋은 말일세, 심미아스" 하고 소크라테스 선생님께서 말씀하셨어요. "그뿐만 아니라 우리의 처음 전제들[88]이 자네들에게 확실하다고 생각되더라도 더 면밀히 검토해봐야만 하네. 그리고 자네들이 그 전제들을 충분히 검토하면 아마도 인간이 도달할 수 있는 데까지 논의를 따라가게 될 걸세. 그래서 명확한 결론에 이르면 자네들은 더 이상 찾지 않을 걸세."

"옳은 말씀이에요" 하고 심미아스가 말했지요.

그분께서 말씀하셨어요. "하지만 여보게들, 만약 혼이 죽지 않는다면 우리가 삶이라고 부르는 이 시간뿐 아니라 모든 시간을 위해 혼을 보살펴야 하며, 만약 혼을 소홀히 하는 사람이 있다면, 그는 무서운 위험에 빠지리라는 점을 명심해야 하네. 만약 죽음이 모든 것으로부터의 도피라면 죽음은 악인들에게는 횡재겠지. 그들은 죽음으로써 혼과 함께 몸과 자신들의 악행에서도 해방될 테니까. 그러나 혼이 죽지 않는 것으로 드러난 지금, 혼이 악행에서 도피하거나 구원받을 길은 달리 아무것도 없네. 최대한 선량해지고 지혜로워지는 것 말고는. 혼은 저승에 갈 때 교육과 훈련 외에는 아무것도 가져가지 못하는데, 교육과 훈련이야말로 저승으로 떠나는 여행을 시작할 때부터 죽은 사람을 가장 이롭게 하거나 가장 해롭게 하는 것이라고 하니 말일세. 전해오는 이야기에 따르면, 사람이 죽으면 생전에

88　65d~e, 74a, 76d~e, 92d~e, 100a, 101c 참조.

각자에게 할당된 수호신[89]이 모두들 집결해야 하는 어떤 곳으로 그를 데려간다네. 그러고는 재판을 받아 분류되고 나면 그들은 혼들을 이승에서 저승으로 호송하는 임무를 맡은 안내자[90]와 함께 저승으로 출발해야 한다네. 그들이 그곳에서 겪어야 할 일들을 겪으며 필요한 기간만큼 머무르고 나면, 오랜 세월이 흐른 뒤 다른 안내자가 그들을 이곳으로 다시 데려오지. 물론 이 여행은 아이스퀼로스의 비극에서 텔레포스[91]가 말하는 것과는 같지 않네. 그는 저승으로 가는 길이 곧은길이라고 말하지만, 내가 보기에는 곧은길도 외길도 아닌 것 같네. 그렇다면 안내자가 필요 없겠지. 길이 하나뿐이라면 어느 쪽으로든 길을 잃을 사람은 아무도 없을 테니까. 사실 그 길에는 갈림길도 많고 삼거리도 많은 것 같네. 이승에서의 제사나 의식들[92]에 근거해서 하는 말일세. 잘 정돈된 지혜로운 혼은 안내자를 따라가며 환경에 익숙해진다네. 그러나 몸에 미련이 남은 혼은, 내가 앞서 말했듯이, 몸과 보이는 세계 주위를 오랫동안 훨훨 날아다니며 반항도 많이 하고 고생도 많이 한 뒤에야 자기에게 할당된 수호신에게 마지못해 억지로 끌려간다네. 그리하여 이 혼은 다른 혼들이 가 있는 곳에 이르는데, 이 혼이 불법적인 살인에 관여하거나 유사한 혼들이 저지르는 유사한 범행을 저지름으로써 부정한 짓을 저지른 부정한 혼일 경우 다들 등을 돌려 피하며, 길동무나 안내자가 되려고 하지 않는다네. 그러면 이 혼은 어찌할 바를 몰라 일정 기간 혼자서 떠돌다가, 그 기간이 지나면 적절한 거처로 강제로 옮겨진다네. 그러나 정결하고 절도 있게 살다 간 혼은 신이 길동무와 안내자가 되어주는 가운데, 각자 자기에게 적절한 곳에서 산다네. 대지에는 놀라운 곳이 많이 있으며, 대지 자체도 그 모양과 크기가 대지에 관해 늘 논하는 사람들이 믿는 것과는 딴판이라는군. 내가 어떤 사람의 말을 듣고 옳다고 생각한 바에 따르면 말일세."

그러자 심미아스가 말했습니다. "소크라테스 선생님, 무슨 d 말씀이신지요? 나도 대지에 관해 많은 것을 들었지만, 선생님께서 믿고 계신 이론은 들어보지 못했어요. 들어보고 싶어요."

"심미아스, 내가 믿는 이론이 무엇인지 설명하는 데 글라우코스의 재주[93]는 필요 없다고 생각하네. 그러나 그것이 사실

89 daimon.

90 그리스 신화에서 죽은 자들의 혼을 저승으로 안내하는 역할은 헤르메스(Hermes) 신이 맡았다.

91 3대 그리스 비극 작가 중 한 명인 아이스퀼로스(Aischylos)가 남긴 현존 비극들에는 그리스 아르카디아(Arkadia) 지방에서 태어나 훗날 소아시아 뮈시아(Mysia) 지방의 왕이 된 텔레포스(Telephos)가 나오는 장면이 없다.

92 예컨대 고대 그리스인들은 삼거리 같은 곳에 여신 헤카테(Hekate)의 신상을 세우고 매달 그믐에 새 달을 맞는 정화의식으로 신상의 발 앞에 제물을 바치곤 했다.

93 '글라우코스(Glaukos)의 재주'란 어려운 과제를 풀 수 있는 재주라는 뜻으로, 속담 같은 이 표현의 출처에 관해서는 알려진 것이 없다.

임을 증명하는 일은 글라우코스의 재주로도 감당할 수 없을 것이며, 나도 아마 해낼 수 없을 것 같네. 또 설령 내가 안다 해도, 심미아스, 논의가 채 끝나기도 전에 아마 내 여생은 끝나버릴 걸세. 하지만 대지의 생김새와 그 안의 여러 지역에 관해 내가 믿는 바를 설명하지 못하게 방해하는 것은 아무것도 없네."

"그 정도면 충분해요" 하고 심미아스가 말했지요.

"내가 믿는 것은" 하고 그분께서 말씀하셨어요. "첫째, 대지가 둥글고 하늘 한가운데에 있다면, 대지가 떨어지지 않도록 막아줄 대기도 그 밖의 다른 힘도 필요하지 않으며, 하늘이 사방으로 동질성을 유지하고 대지 자체가 균형을 이룸으로써 대지를 충분히 붙잡아줄 수 있다는 것이네. 균형을 이루는 물체가 동질성을 유지하는 것의 한가운데에 놓이면 어느 방향으로도 기울지 않고 언제나 제자리에 머무를 테니 말일세. 이것이 내가 믿는 첫 번째 것이네."

"그렇게 믿으시는 것이 옳은 것이기도 해요" 하고 심미아스가 말했어요.

그분께서 말씀하셨지요. "다음에 나는 대지가 엄청나게 크고, 우리는 파시스[94]강에서 헤라클레스의 기둥들[95]에 이르는 대지의 작은 부분에서 마치 개미나 개구리가 늪지 주위에 살듯 바다 주위에 살며, 그 밖에도 많은 사람이 비슷한 지역들에서 산다고 믿네. 대지 위에는 곳곳에 모양과 크기가 다양한 우묵한 분지가 많아서 물과 안개와 대기가 그곳으로 함께 흘러들었기 때문이네. 그러나 대지 자체는 순수하며, 별들이 자리 잡고 있는 순수한 하늘에 놓이는데, 이 분야의 전문가들 대부분은 이 순수한 하늘을 아이테르[96]라고 부른다네. 물과 안개와 대기는 이 아이테르의 찌꺼기로서 대지의 우묵한 분지로 끊임없이 함께 흘러든다네. 우리는 대지의 우묵한 분지에 살면서도 그런 줄 모르고 대지의 표면에 사는 줄 알지. 바다 밑바닥에 어떤 이가 산다고 상상해보게. 그는 자기가 수면 위에 산다고 생각할 것이며, 물을 통하여 해와 다른 천체를 보면서 바다가 하늘이라고 생각하겠지. 그리고 그는 게으르거나 허약한 탓에 해수면에 도달한 적이 없거나, 우리가 사는 이 세계를 향해 바닷물 밖으로 머리를 내밀어 우리가 사는 세계가 그가 사는 세계보다 얼마나 더 순수하고 아름다운지 본 적이 없거나, 본 사람한테서 들은 적도 없네. 지금 우리 처지가 그와 똑같아. 우리는 대지의 어느 우묵한 분지에 살면서 대지의 표면에 사는 줄 알고, 대기를 하늘이라 부르며 대기가 별들이 지나다니는 하늘인 줄 아니 말일세. 또한 우리도 허약하거나 게을러 대기의 위쪽 표면에 이를

---

94 파시스(Phasis)는 흑해 동안으로 흘러드는 강이다.

95 지금의 지브롤터(Gibralter) 해협. 파시스는 당시 그리스 세계의 동쪽 끝이었고, 헤라클레스의 기둥들은 서쪽 끝이었다.

96 주 73 참조.

수 없다는 점에서 마찬가지야. 대기의 꼭대기에 이르거나 날개가 생겨 그곳으로 날아오를 수 있는 사람이 있다면, 그는 마치 물고기들이 수면 밖으로 머리를 내밀고 우리가 사는 세계의 사물을 보듯이 머리를 내밀어 위쪽 세계의 사물을 볼 수 있을 테니 말일세. 그리고 그의 본성이 관찰하는 것을 능히 견뎌낼 수 있다면, 그는 그것이 진짜 하늘이고 진짜 빛이며 진짜 대지라

는 사실을 알 것이네. 우리가 사는 이 대지와 그 돌들과 지역 전체가 망가지고 부식되었기에 하는 말일세. 그것은 마치 바닷속에 있는 것들이 짠물에 부식되고 바닷속에서는 이렇다 할 것이 아무것도 자라지 않아 사실상 온전한 것은 하나도 없고 부식된 바위 동굴과 모래와, 흙이 있는 곳이면 어디에나 끝없는 진흙과 진창이 있지만 우리가 사는 지역의 아름다운 것들에 견줄 만한 것은 하나도 없는 것과도 같네. 그러나 위쪽 세계의 사물

은 우리가 사는 이 세계의 사물을 훨씬 더 큰 차이로 능가한다네. 심미아스, 만약 지금 하늘 밑의 대지에 있는 것들이 어떤 성질의 것인지 이야기하는 것이 바람직하다면, 그것은 들어둘 만한 가치가 있다네."

심미아스가 말했지요. "소크라테스 선생님, 우리는 그 이야기를 꼭 듣고 싶어요."

그분께서 말씀하셨어요. "그렇다면 여보게, 전해오는 이야기에 따르면, 우선 대지의 진짜 표면은 위에서 보면 12조각의

가죽으로 만든 공처럼 보인다네. 대지의 진짜 표면은 다채로워서 여러 색깔을 이어 붙인 것처럼 보이는데, 그 색깔들이 어떤 것인지는 이곳에서 우리 화가들이 사용하는 색깔들을 보면 짐작할 수 있다는군. 그러나 그곳에서는 대지 전체가 그런 색깔들로 이루어져 있으며, 그 색깔들은 우리가 아는 색깔들보다 훨씬 더 선명하고 순수하다네. 한 부분은 놀랍도록 아름다운 자줏빛이고, 다른 부분은 황금빛이며, 그중 흰 부분은 백악(白堊)이나 눈보다 더 희다는군. 나머지 부분도 마찬가지로 여러 색깔로 이루어져 있는데, 그 색깔들은 이곳에서 우리가 본 것들보다 더 다채롭고 더 아름답다는 거야. 그도 그럴 것이, 물과 대기로 가득 차 있는 대지의 이 우묵한 분지조차도 전체가 다채로운 색깔들의 연속처럼 보이도록 여러 색깔이 빛나는 가운데 고유한 색깔을 보이기 때문일세. 이 아름다운 대지에서 자라는 나무, 꽃, 과일도 거기에 맞게 아름답다네. 또한 산과 돌도 그에 맞게 더 부드럽고 더 투명하며 색깔도 더 곱다네. 우리가 귀하게 여기는 조약돌들, 다시 말해 홍옥, 벽옥, 에메랄드 등등의 보석들은 사실은 이 돌들의 부스러기라는군. 그러나 그곳의 돌들은 모두 그렇거나, 아니면 더 아름답다네. 그 이유는 그곳의 돌들은 순수하고, 이곳의 돌들이 이곳의 우묵한 분지로 함께 흘러들어 돌과 흙과 다른 동물과 식물에게 추함과 질병을 가져다주는 물과 대기에 부식되듯 오물에 부패하거나 짠물에 부식되지 않았기 때문이라는 거야. 대지의 진짜 표면은 이런 온갖 돌뿐 아니라 금과 은과 그 밖의 다른 금속으로 장식되어 있다네. 그런 것들이 쉽게 보일 정도로 대지 곳곳에 지천으로 널려 있기 때문이지. 그래서 대지를 보는 사람들은 행복감을 느낀다네. 그곳 대지에는 다른 생물도 많고 사람도 많은데, 더러는 내륙에 살고, 더러는 마치 우리가 바다 주위에 살듯이 대기 주위에 살며, 더러는 대기에 둘러싸여 있지만 대륙과 가까운 섬들에서 산다는 거야. 한마디로, 물과 바다가 우리에게 필요하다면 그곳에서는 대기가 필요하고, 그들에게 아이테르는 우리에게 대기와 같은 것이라네. 그곳은 기후가 온화하여 그들은 병에 걸리지 않고 이곳 사람들보다 훨씬 더 오래 살며, 순수성에서 대기가 물을 능가하고 아이테르가 대기를 능가하는 만큼 시력과 청력과 이해력과 모든 능력에서 우리를 능가한다는군. 그들에게는 실제로 신들께서 사시는 성소와 신전이 있어, 그곳에서 신탁과 예언과 환상 같은 것을 통해 신들과 직접 교류한다네. 그들은 해와 달과 별을 본래 모습 그대로 보며, 그들의 다른 행복도 이에 못지않다네.

대지 전체와 대지를 둘러싸고 있는 것들은 원래 그런 것이라네. 그러나 대지 전체를 빙 돌아가며 대지의 우묵한 분지에는 많은 지역이 있는데, 그중 더러는 우리가 사는 지역보다 더 깊고 더 넓으며, 더러는 우리 지역보다 더 깊지만 입구는 더 좁으

며, 더러는 우리 지역보다 더 얕지만 더 넓다네. 이 지역들은 모
두 더러는 더 크고 더러는 더 작은 지하 통로들로 여러 곳에서
서로 연결되는데, 그 통로들을 통해 엄청난 양의 물이 마치 포
도주 희석용 동이[97]로 흘러들듯, 한 수조(水槽)에서 다른 수조
로 흘러든다네. 지하에는 뜨거운 물과 찬물의 엄청나게 큰 영원
한 강들이 흐르는가 하면 엄청난 불과 거대한 불의 강들이 있
으며, 시켈리아[98]에서 용암이 흘러내리기 전에 흐르는 진흙의
강들처럼 더러는 더 묽고 더러는 더 진한 진흙의 강들도 많으
며, 용암 자체도 있다는군. 이런 것들이 순환하며 흘러들 때마
다 각 지역은 이런 것들로 가득 찬다네. 그리고 이런 상하운동
은 모두 대지 내의 진동에 의해 일어나는데, 이 진동의 성질은
다음과 같다네. 대지의 갈라진 틈 가운데 하나는 유난히 크며
대지 전체를 곧장 관통한다네. 바로 이곳을 두고 호메로스는 다 112a
음과 같이 말하고 있다네.

저 멀리, 대지 아래 가장 깊은 심연으로[99]

고대 그리스인들은 포도주를 동이에 넣고 물로 희석해서 마셨다.
98   시켈리아(Sikelia)는 시칠리아의 그리스어 이름이다.
99   『일리아스』 8권 14행.

파이돈
/
237

그곳은 호메로스와 그 밖의 많은 시인이 다른 데서는 타르타로스[100]라고 부른 곳이기도 하다네. 모든 강은 바로 이 갈라진 틈으로 함께 흘러들었다가 다시 흘러나오는데, 각각의 강은 그것이 통과하는 대지의 성질을 띠게 된다는 거야. 모든 강이 그곳에서 흘러나갔다가 흘러드는 까닭은, 이 액체에는 밑바닥도 토대도 없기 때문이라는군. 그래서 액체는 진동하며 위아래로 출렁대고, 그 주위의 대기와 바람도 같은 운동을 한다는 거야. 대기와 바람은 액체가 대기의 다른 쪽으로 이동할 때도 이쪽으로 이동할 때도 액체와 동행하니까. 그리고 우리가 숨을 쉴 때 들이쉬기도 하고 내쉬기도 하듯이, 그곳의 바람은 액체와 함께 진동하며 들어올 때도 나갈 때도 저항할 수 없는 무시무시한 돌풍을 일으킨다네. 그리고 물이 저지대라고 불리는 곳으로 물러날 때마다 지하의 강들은 그곳으로 흘러들어 마치 펌프로 퍼올린 것처럼 그곳을 가득 채운다네. 반대로 물이 그 지역을 떠나 이쪽으로 돌아오면 이곳의 강들을 가득 채운다네. 이쪽의 강들이 가득 차면 수로들과 대지를 통해 흐르다가 저마다 정해진 목적지에 이르면 바다와 호수와 강과 샘을 만든다는군. 거기에서 다시 대지 아래로 내려가면 더러는 더 많고 더 먼 지역들을 통과하고, 더러는 더 적고 더 가까운 지역들을 통과하여 어떤 것은 흘러나왔던 지점보다 훨씬 밑에서, 어떤 것은 조금 밑에서 다시 타르타로스로 흘러든다네. 하지만 모두 흘러나

온 지점보다 더 밑에서 흘러들어. 더러는 흘러나온 곳과 반대쪽에서 흘러들고, 더러는 같은 쪽에서 흘러든다네. 또 더러는 완전히 원을 그리며 뱀처럼 대지 주위로 한 번 또는 여러 번 똬리를 틀다가 되도록 낮은 곳으로 내려가서 다시 타르타로스로 떨어진다는 거야. 그러나 어느 방향에서든 한가운데까지만 내려갈 수 있고 더는 내려갈 수 없다네. 어느 쪽에서 흘러들건 강물 앞에는 가파른 언덕이 솟아 있기 때문이라는군.

c

　이들 온갖 종류의 수많은 큰 강 가운데 네 강이 특별하다네. 이 중에서 가장 크고 맨 바깥쪽으로 원을 그리며 흐르는 것이 이른바 오케아노스[101]야. 그 바로 맞은편에서 반대 방향으로 흐르는 것이 아케론[102]인데, 이 강은 여러 사막을 지나 지하로 흐르다가 아케루시아스[103] 호수에 이르지. 죽은 사람들의 혼은 대부분 그곳에 모여서 더러는 더 길게, 더러는 더 짧게 일정 기간 머무른 뒤 다시 동물로 태어나도록 돌려보내진다네. 세 번째 강은 이 두 강 사이에서 흘러나와 그 발원지 근처에서 온통 화

113a

100　타르타로스(Tartaros)는 신들에게 죄지은 자들이 갇혀 사는 지하 가장 깊숙한 곳이다.

101　오케아노스(Okeanos)는 고대 그리스인에게 대양(大洋)이 아니라, 대지를 감돌아 흐르는 큰 강이다.

102　Acheron.

103　Acherousias.

염에 싸인 방대한 지역으로 떨어져 우리 바다[104]보다 더 큰, 진흙탕 물이 부글부글 끓는 호수를 만든다네. 이 강은 그곳을 뒤

b 로하고 진흙탕 상태로 원을 그리며 지하로 구불구불 나아가다가 다른 곳을 거쳐 아케루시아스 호수의 가장자리에 이르지만 그 물과는 섞이지 않는다는군. 그러고 나서 이 강은 지하로 여러 번 구불구불 나아간 뒤 낮은 지점에서 타르타로스로 쏟아진다네. 이것이 이른바 퓌리플레게톤[105]강인데, 대지의 여러 곳에서 분출하는 용암은 이 강의 파편들이라는 게야. 바로 이 강 맞은편에서 네 번째 강이 흘러나와, 전해오는 이야기에 따르면 맨 먼저 온통 군청색을 띠는 무섭고도 거친 장소로 흘러드는

c 데, 그 장소는 스튁스 지역이라 불리고, 강물이 흘러들어 생긴 호수는 스튁스[106]라고 불린다네. 그곳으로 흘러들어 물에 무서운 힘을 얻게 된 이 강은 지하를 지나 퓌리플레게톤강과는 반대 방향으로 구불구불 나아가다가 반대 방향으로 해서 아케루시아스 호수에서 퓌리플레게톤강과 만난다네. 이 강의 물도 다른 물과 섞이지 않고 원을 그리며 나아가다가 퓌리플레게톤강 맞은편에서 타르타로스로 떨어지는데, 시인들에 따르면 이 강의 이름은 코퀴토스[107]이네.

d   그것들의 본성은 그렇다네. 죽은 사람들이 저마다 자신의 수호신이 인도하는 곳에 도착하면, 그들은 먼저 아름답고 경건하게 살았는지 아닌지 재판받게 돼. 그리고 좋지도 않고 나쁘

지도 않은 그저 그런 삶을 살다 간 사람들은 아케론에 가서 그들을 위해 준비한 배들에 올라 그것들을 타고 호수에 도착하지. 그들은 그곳에 살면서 자신들이 지은 죗값을 치름으로써 정화되기도 하고, 선행에 대해서는 각자 응분의 보답을 받는다네. 성물(聖物)을 여러 차례 대규모로 훔쳤거나 사악하고 혐오스러운 살인을 저질렀거나 그 밖에 그런 종류의 범죄를 저지른 까닭에, 지은 죄가 커서 치유할 수 없다고 판단되는 자들은 그들에게 합당한 운명에 따라 타르타로스에 내던져져 다시는 그곳에서 나오지 못한다네. 그러나 큰 죄를 저지르긴 했지만 그 죄를 치유할 수 있다고 판단되는 자들, 이를테면 욱하는 마음에서 아버지나 어머니를 폭행했지만 후회 속에서 여생을 살다 간 사람들이라든가 그와 비슷하게 사람을 죽인 자들은 반드시 타르타로스에 떨어지지만, 그곳에 1년을 머무르고 나면 물결이 그들을 밖으로 내던지는데, 살인자들은 코퀴토스로 해서, 아버지나 어머니를 폭행한 자들은 퓌리플레게톤으로 해서 내던져진다네. 그들이 아케루시아스 호수 쪽으로 강물에 실려오면 자신들이 죽였거나 폭행한 사람들을 큰 소리로 부르며 강물에서

c

114a

104 지중해.
105 Pyriphlegeton. '불타는'이라는 뜻이다.
106 Styx. '혐오스러운'이라는 뜻이다.
107 Kokytos. '비탄'이라는 뜻이다.

파이돈
/
241

나와 호수로 들어갈 수 있도록 자신들을 받아달라고 애걸복걸

b 한다네. 그들이 설득에 성공하면 강물에서 나와 고통이 끝나지
만, 설득에 실패하면 다시 타르타로스로 실려갔다가 그곳에서
강들로 휩쓸리는데, 자신들이 해코지한 사람들을 설득할 때까
지 이런 고통이 계속된다는군. 이것이 재판관들이 그들에게 내
린 형벌이기 때문이라네. 그러나 남달리 경건한 삶을 살았다는
판결을 받은 사람들은 마치 감옥에서 풀려나듯 대지 안의 이들

c 지역에서 해방되어 순수한 거처로 올라와서는 대지 위에 거주
한다네. 이들 가운데 철학으로 충분히 정화된 사람들은 앞으로
는 전적으로 몸 없이 살며 더 아름다운 거처들에 이르는데, 그
거처들은 설명하기가 쉽지 않고 지금은 그럴 시간도 없네. 하지
만 심미아스, 우리가 말한 것들 때문에라도 우리는 사는 동안
미덕과 지혜를 얻기 위해 최선을 다해야 하네. 그 상은 아름답
고, 희망 또한 크기 때문일세.

d   물론 이 일들이 내가 말한 그대로라고 우기는 것은 분별
있는 사람에게는 어울리지 않는 일이겠지. 하지만 혼은 죽지 않
는다는 것이 밝혀진 만큼, 우리 혼과 그 거처가 실제로 그와 같
거나 비슷하리라고 믿는 것은 적절하고도 가치 있는 모험이라
고 생각하네. 그것은 고상한 모험이니까. 그래서 우리는 그런
것들을 주문처럼 되풀이해서 외워야 하네. 내가 이야기를 그렇

e 게 늘인 것도 그 때문일세. 또한 그러기 때문에 이런 사람은 자

신의 혼에 대해 안심할 수 있다네. 생전에 몸의 쾌락과 장식은 이롭기보다는 해롭다 여겨 자신과 무관한 것으로 거부하고 배우는 즐거움에 열중함으로써 자신의 혼을 남에게 빌려온 장식물이 아니라 절제, 정의, 용기, 자유, 진리 같은 혼 자체의 장식물로 장식한 다음 운명이 부르면 언제든 저승으로 떠날 각오가 되어 있는 사람 말일세. 심미아스와 케베스와 그 밖의 다른 사람들이여, 자네들도 앞으로 언젠가는 저마다 저승으로 여행을 떠나게 되겠지. 하지만 나는 지금, 비극의 등장인물이 쓸 법한 말투를 빌리자면, 운명의 부름을 받고 있네. 내가 목욕할 시간이 된 것 같다는 말일세. 여인들이 내 시신을 씻기는 수고를 하지 않도록, 독약을 마시기 전에 스스로 목욕하는 것이 더 낫다고 생각하기 때문이지."

그분의 말씀이 끝나자 크리톤께서 말씀하셨어요. "좋아, 소크라테스! 자네의 아이들과 남은 다른 것과 관련하여 다른 사람들이나 나에게 일러두고 싶은 말은 없는가? 우리가 무엇을 해주어야 자네에게 최대한 봉사하는 것이 되겠나?"

그분께서 말씀하셨습니다. "크리톤, 내가 늘 말하던 대로 해주게. 그것은 새로운 것이 아닐세. 말하자면 만약 자네들이 자신을 돌본다면, 자네들의 행위는 무엇이든 나와 내 가족과 자네들 자신을 위한 봉사가 될 것이네. 설령 자네들이 지금 약속하지 않더라도 말일세. 그러나 만약 자네들이 자신을 돌보지

파이돈
/
243

않고, 우리가 방금도 말했고 전에도 말했던 길을 따라 살고자
c 하지 않는다면, 자네들은 아무것도 이루지 못할 것이네. 설령
자네들이 지금 아무리 굳게 약속한다 할지라도 말일세."

크리톤께서 말씀하셨지요. "우리는 꼭 자네가 말한 대로
할 것이네. 그건 그렇고, 우리가 자네를 어떻게 묻어주면 좋겠
는가?"

"자네들 좋을 대로 하게나. 만약 자네들에게서 빠져나가지
못하도록 자네들이 나를 붙잡아둘 수 있다면 말일세." 그분께
서는 이렇게 말씀하시고 조용히 웃더니 우리 쪽을 향해 말씀을
이으셨어요. "여보게들, 나는 지금 자네들과 대화하며 논의하
는 것들을 조목조목 따지고 있는 소크라테스가 바로 나라고 크
리톤을 설득할 수가 없네. 그는 잠시 뒤 자기가 시신으로 보게
d 될 사람이 나라고 생각하고는, 나를 어떻게 묻어줄까 묻고 있
으니 말일세. 내가 독약을 마신 뒤에는 더 이상 자네들 곁에 머
무르지 않고 축복받은 자들의 행복한 나라[108]로 떠날 것이라고
길게 설명했건만, 그는 그것을 자네들과 나 자신을 격려하기
위한 실없는 말쯤으로 여기는 것 같구먼. 그러니 자네들이 날
위해 크리톤에게 보증을 서게. 이 보증은 재판받을 때 그가 나
를 위해 배심원들에게 서준 것과는 반대되는 것일세. 크리톤은
내가 머물 것이라고[109] 보증을 섰지만, 자네들은 내가 죽고 나
e 면 머물지 않고 떠나갈 것이라고 보증을 서주게. 그가 내 죽음

을 더 쉽게 견뎌낼 수 있도록. 그리고 그가 내 몸이 불타거나 묻히는 것을 보고는 마치 내게 끔찍한 일이 일어나기나 한 것처럼 나 때문에 괴로워하거나, 장례식 때 그가 입관 준비를 하거나 운구하거나 매장하는 것이 소크라테스라는 말을 하지 않도록 말일세. 친애하는 크리톤, 잘 알아두게. 잘못된 표현은 그 자체도 귀에 거슬리지만 혼에 나쁜 영향을 준다네. 그러니 자네는 기운을 차리고 자네가 화장하는 것은 내 몸일 뿐이라고 말하게. 그리고 그것을 자네 좋을 대로, 자네가 가장 적절하다고 생각하는 방식대로 묻어주게.” 116a

그분께서는 이렇게 말씀하시고는 일어서서 목욕하러 다른 방으로 가셨어요. 그러자 크리톤께서 우리더러 기다리라고 하더니 그분을 따라가셨지요. 기다리는 동안 우리는 논의된 것에 관해 서로 대화하고 검토하다가, 우리에게 얼마나 큰 재앙이 닥쳤는지에 대해 주고받았어요. 우리는 말 그대로 아버지를 여의고 여생을 고아로 살아야 하는 것처럼 느꼈으니까요. 그사이 그분께서 목욕을 끝내자, 그분의 아이들이 그분 곁으로 안내되었어요. 그분에게는 어린 아들 두 명과 다 큰 아들 한 명이 b

---

108 고대 그리스인들은 소수의 축복받은 사람들은 죽지 않고 대지의 서쪽 끝 오케아노스 강변에 있다는 이른바 '축복받은 자들의 섬들'(makaron nesoi)로 옮겨져 행복한 삶을 산다고 믿었다.

109 '탈옥하지 않고'라는 뜻이다.

있었지요. 그리고 그대도 아는 그분 집안의 여자 분들도 도착했어요. 그분께서는 크리톤 곁에서 그들과 대화하며 자신이 원하는 바를 지시한 다음 여자들과 아이들을 돌려보내고 우리 곁으로 돌아오셨어요. 어느새 일몰 시간이 다 됐더군요. 그분께서 안에서 많은 시간을 보내셨기 때문이지요. 그분께서 목욕을 끝내고 돌아와 우리 곁에 앉아서 잠시 대화를 나눌 때, 옥졸(獄卒)이 와서 그분 곁에 서더니 말했어요. "소크라테스 선생님, 내가 다른 사람들을 나무라듯 선생님을 나무라지는 않겠지요. 다른 사람들은 내가 당국의 명령에 따라 독약을 마시라고 말하면 화를 내며 나를 저주하곤 한답니다. 선생님께서 와 계신 동안 나는 선생님이야말로 여기에 온 사람 가운데 가장 고매하고 가장 점잖고 가장 훌륭한 분이라는 것을 알게 됐어요. 지금도 나는 선생님께서 내게 화내시지 않으리라는 것을 잘 알고 있어요. 선생님께서는 누구 탓이라는 것을 알고 계신 만큼 그들에게 화를 내실 테니까요. 선생님께서는 내가 무슨 말을 전하러 왔는지 아시겠지요. 부디 편히 가시고, 피할 수 없는 것은 되도록 편안히 참고 견디도록 하세요." 이렇게 말하고 옥졸은 눈물을 흘리며 돌아서서 가버렸어요.

소크라테스 선생님께서는 그를 바라보며 말씀하셨지요. "자네도 잘 있게. 우리는 자네가 시키는 대로 할 것이네." 그리고 우리를 향해 말씀을 이으셨어요. "얼마나 예의 바른 사람인가! 내가 여기 와 있는 내내 그는 가끔 나를 찾아와서 대화를 나누기도 했는데, 참 좋은 사람이었어. 지금도 순진하게 나를 위해 눈물까지 흘리지 않는가! 자, 크리톤, 그가 시키는 대로 하세. 독약을 찧어놓았으면 누가 가져오게. 준비되지 않았으면 그 사람더러 찧으라고 하고."

그러자 크리톤께서 말씀하셨어요. "소크라테스, 아직 해가 지지 않고 아마 산 위에 걸려 있을 거야. 다른 이들은 통고받은 뒤 실컷 먹고 마시며 때로는 사랑하는 사람들과 함께 즐기다가 한참 뒤 독약을 마시는 것으로 알고 있네. 서두를 것 없네. 아직 시간이 남았으니까."

그러자 소크라테스 선생님께서 말씀하셨어요. "크리톤, 자네가 말하는 사람들이 그러는 것은 당연하지. 그들은 그럼으로써 덕을 본다고 생각하니까. 하지만 내가 그러지 않는 것도 당연하기는 마찬가지야. 나는 독약을 좀 늦게 마신다고 해서 덕보는 것은 아무것도 없다고 생각해. 이제는 아무것도 남은 것이 없는데 만약 삶에 집착하여 목숨을 아낀다면, 나는 내 눈에도 웃음거리밖에 되지 않을 걸세. 자, 거절하지 말고 내가 시키는 대로 하게나!"

이 말을 듣고 크리톤께서 옆에 서 있던 노예에게 고개를 끄덕였어요. 노예는 밖으로 나가더니 한참 있다가 독약을 건넬 사람을 데리고 돌아왔는데, 그 사람은 찧어놓은 독약을 잔에

e

117a

담아 가져왔어요. 소크라테스 선생님께서 그 사람을 보고 말씀하셨지요. "좋았어. 여보게, 자네는 이런 일을 잘 알 텐데, 내가 어떻게 해야 하오?"

그 사람이 말했지요. "마시고 나서 다리가 무겁다고 느껴질 때까지 이리저리 거닐다 누우시면 돼요. 그러면 약 기운이 돌 거예요." 그렇게 말하고 그 사람은 소크라테스 선생님께 잔을 건넸어요. 에케크라테스, 그분께서는 떨기는커녕 안색이나 얼굴 표정 하나 바뀌지 않고 태연하고 침착하게 잔을 받으시더니 여느 때처럼 눈을 크게 뜨고 그 사람을 쳐다보며 말씀하셨지요. "이 독약 가운데 일부를 누군가에게 헌주하면 자네는 뭐라고 할 텐가? 그것이 허용되는가, 허용되지 않는가?"

"소크라테스 선생님, 우리는 마시기에 적당하다고 생각되는 분량만큼만 준비한답니다."

"알겠네" 하고 그분께서 말씀하셨어요. "그러나 이승에서 저승으로 가는 내 이주에 행운이 함께하게 해달라고 신들에게 기도하는 것은 허용되겠지. 아니, 기도해야겠지. 그것이 내 기도이며, 부디 내 기도가 이루어지기를!"

그분께서는 이렇게 말씀하신 뒤 잔을 입에 대고 태연하고 침착하게 잔을 비우셨어요. 우리는 대부분 그때까지는 그런대로 눈물을 참을 수 있었지만, 그분께서 독약을 마시는 것을, 그리고 마신 것을 보자 더는 눈물을 억누를 수 없었어요. 나는 모르는 사이에 눈물이 억수같이 쏟아져내려 얼굴을 감싸고 비통하게 울었어요. 그분을 위해서가 아니라, 그런 동반자를 잃은 나 자신의 불운을 위해서. 크리톤께서는 눈물을 억제할 수가 없어 나보다 먼저 일어서서 밖으로 나가버리셨어요. 그리고 조금 전에도 울음을 그치지 않던 아폴로도로스는 아예 울부짖고 통곡하여 그 자리에 있던 우리 모두의 마음을 약하게 만들었어요. 소크라테스 선생님을 제외하고는.

그러자 선생님께서 말씀하셨어요. "여보게들, 이게 무슨 짓들인가! 내가 여자들을 돌려보낸 것은 무엇보다도 이런 꼴사나운 짓을 막기 위해서였는데. 나는 사람이 조용히 최후를 맞아야 한다고 들었네. 자, 조용히들 하고 기운을 차리게!"

이 말씀을 듣고 우리는 창피해서 눈물을 삼켰어요. 그분께서는 이리저리 돌아다니시더니 두 다리가 무겁다고 말씀하시고는 등을 대고 누우셨어요. 그 사람이 그러라고 지시했으니까요. 그러자 그분께 독약을 건넸던 바로 그 사람이 그분의 몸을 만져보다가 조금 뒤 그분의 두 발과 두 손을 살펴보더니 그분의 한쪽 발을 세게 꼬집으며 감각이 있는지 물었습니다. 그분께서 감각이 없다고 말씀하시자, 그 사람이 이번에는 그분이 두 다리를 꼬집었어요. 그런 식으로 점점 위쪽으로 올라가며 그분 몸이 식어서 굳어가고 있음을 우리에게 보여주었지요. 그리고 계속 그분을 만지면서, 냉기가 심장에 이르면 그때는 그분께서

파이돈
/

세상을 떠나실 것이라고 하더군요. 냉기가 어느새 허리 있는 데까지 올라오자 그분께서는 자신의 얼굴을 덮은 것을 벗기고—그분께서는 얼굴이 덮여 있었으니까요—말씀하셨는데, 이것이 사실상 그분의 마지막 말씀이었어요. "크리톤, 우리는 아스클레피오스[110]에게 수탉 한 마리를 빚지고 있네.[111] 잊지 말고 그분께 빚진 것을 꼭 갚도록 하게."

"그러겠네" 하고 크리톤께서 말씀하셨어요.

"그 밖에 달리 할 말이 있는지 살펴보게!"

그분께서는 이 물음에 아무 대답도 하지 않으셨으나, 잠시 뒤 몸을 부르르 떠셨어요. 그 사람이 그분을 덮은 것을 걷자 그분의 두 눈이 멈추어 있었어요. 그래서 그것을 본 크리톤께서 그분의 입을 다물게 해주고는 두 눈을 감겨드렸어요. 에케크라테스, 우리 친구는 그렇게 최후를 맞이했어요. 그분께서는 우리가 겪어본 우리 시대 인물 가운데 가장 훌륭하고 가장 지혜로우며 가장 정의로운 분이라고 해도 과언이 아닐 거예요.

---

110 아스클레피오스(Asklepios)는 고대 그리스의 의술의 신이다.
111 이 말의 정확한 의미는 알 수 없다. 논란을 불러일으키는 이 구절에서 소크라테스가 말하고자 하는 것은 무엇일까? 그는 죽음이 인간을 모든 악에서 구해준다고 생각한 것일까? 아니면 윤회 과정에서 조상의 혼이 깃들지도 모르는 만큼 동물을 죽여서는 안 된다는 퓌타고라스학파의 주장을 은근히 비판하는 것일까?